HISTOIRE

DE PORTUGAL,

D'APRÈS

LA GRANDE HISTOIRE DE SCHAEFFER,

CONTINUÉE JUSQU'A NOS JOURS,

PAR M. DU MARIN,

TRADUCTEUR DE LINGARD.

PARIS,

PARENT-DESBARRES, ÉDITEUR,
Rue de Seine St. G., 48.

1840.

ABRÉGÉ

DE

L'HISTOIRE DE PORTUGAL.

NANCY, IMPRIMERIE DE RAYBOIS ET Cie,
RUE SAINT-DIZIER, 127.

HISTOIRE

DE PORTUGAL,

D'APRÈS

LA GRANDE HISTOIRE DE SCHAEFFER,

ET CONTINUÉE JUSQU'A NOS JOURS.

PAR M. DE MARLÈS,

CONTINUATEUR DE LINGARD.

PARIS,

PARENT-DESBARRES, ÉDITEUR

Et Directeur de l'Encyclopédie, de la Revue et du Musée
Catholiques et de la Collection des Pères de l'Église,
Rue de Seine–Saint–Germain, 48.

1840.

HISTOIRE

DE PORTUGAL.

INTRODUCTION.

Le Portugal fait partie de la Péninsule ibérique ou espagnole. Ce n'est que depuis cinq siècles environ qu'il a été séparé de l'Espagne, d'abord comme simple comté dont le titulaire fut vassal du roi de Léon et de Castille, ensuite comme royaume qui reconnut assez longtemps la suzeraineté des rois de Castille, enfin comme royaume indépendant.

Avant d'offrir à nos lecteurs le tableau de l'histoire de Portugal durant ces trois périodes, nous devons dire ce que le Portugal fut autrefois, c'est-à-dire sous les Phéniciens, les Carthaginois, les Romains, les Goths, les Arabes; quels furent ses premiers habitants; quelles révolutions ce pays a subies avant d'être reconquis sur les musulmans.

Les premiers habitants de l'Espagne proprement dite, furent très-vraisemblablement les premiers habitants de la Lusitanie; (c'est le nom que les Romains donnaient à la partie orientale de l'Espagne, et nous le lui conserverons jusqu'au moment où elle fut érigée en comté en faveur de Henri de Bourgogne.) Mais par qui la Lusitanie fut-elle d'abord habitée? On n'a là-dessus que de vagues conjectures, et il n'est guère probable qu'on arrive jamais à des notions positives. En partant, comme quelques savants l'ont fait, du principe que la langue basque fut d'abord parlée dans la Péninsule entière et que cette langue fut celle des Ibères, (1) on pourra tirer cette conséquence que les Ibères formaient primitivement une assez grande nation qui était répandue dans tout le pays, qui peut-être (et cela est probable) se divisait en plusieurs peuplades qu'on distinguait par les dialectes. On doit présumer encore qu'avant de s'enfoncer dans l'intérieur du pays où ils se trouvaient arrêtés par de grandes chaînes de montagnes, la plupart arides, nues et n'offrant point de ressource à des peuples nomades, les Ibères suivirent

(1) Nous le répétons ; ce n'est que par conjecture qu'on suppose que les Ibères et après eux les Celtes sont les premiers peuples qui ont habité la Péninsule, et que même les premiers sont indigènes, tandis que les Celtes sont venus en des temps postérieurs par les Pyrénées ; et s'il est vrai que les Ibères soient eux-mêmes venus de l'Asie, où une vaste contrée située entre la mer Caspienne et le Pont-Euxin a longtemps porté le nom d'Ibérie, on peut croire que, de même que les Celtes, ils sont arrivés par la Gaule en traversant la chaîne des montagnes.

d'abord les côtes de la mer et qu'ils peuplèrent
de proche en proche tout le rivage de l'Océan
depuis la pointe occidentale des Pyrénées jusqu'au détroit de Gibraltar; il est aussi vraisem-
blable qu'à mesure qu'ils rencontrèrent de
grands fleuves dans cette marche progressive
du nord au sud, tels que le Minho, le Duero,
le Mondego, le Tage, la Guadiana, le Guadalquivir, qui tous courent renfermés entre des
chaînes parallèles, les Ibéres remontèrent ces
fleuves et formèrent des établissements sur
leurs bords.

Si d'un autre côté, on peut croire avec quelque raison que les Celtes ne sont entrés dans la
Péninsule qu'après les Ibères, et qu'il soit à
peu près démontré qu'ils ont suivi les côtes du
nord et de l'ouest, il y a toute raison de penser
qu'ils ne suivirent ainsi ces côtes que parcequ'ils
les trouvèrent habitées, et capables de fournir à
ceux qui voudraient s'y établir les choses nécessaires à la vie. Or ce qui paraît prouver que
les Celtes ont suivi les côtes, d'abord de l'est
à l'ouest et ensuite du nord au sud, c'est l'existence, sur ces côtes, d'une infinité de villes dont
le nom se termine par *briga*, depuis la Navarre
jusqu'à l'Andalousie, Flaviobriga, Juliobriga,
Lagobriga, Langobriga, Talabriga, Lonimbriga,
Meidobriba, etc. etc., et tous les philologues
assurent que la principale terminaison des
mots chez les Celtes est en *briga*.

On ne pourrait asseoir sur aucun fondement

l'opinion qu'avant les Ibères, la Lusitanie eut
des habitants; les anciens qui parlent des Ibères et des Celtes, et de la fusion ou mélange
de ces deux peuples, mélange qui produisit les
Celtibères ou Celtibériens (1), ne font aucune
mention de peuples antérieurs ni même contemporains. On ne sait au surplus rien de posi-
tif sur les Ibères; on conjecture seulement qu'ils
n'étaient qu'une tribu de la grande race Celti-
que, et qu'ils ont pu venir de l'Ibérie d'Asie.
Au fond ce sont là des questions sur lesquelles
il est inutile de s'appesantir puisqu'on ne s'aurait jamais leur trouver une solution satis-
faisante.

Les Phéniciens sont le premier peuple civili-
sé qui a eu des rapports avec les habitants de
la Lusitanie. Lorsque poussés par l'intérêt de
leur commerce, ils allaient chercher l'étain
jusqu'aux îles Cassitérides (2), ils conduisaient
leurs vaisseaux côte à côte tout le long de la
Lusitanie; et dans ce trajet annuel, ils dûrent
probablement visiter les habitants du pays,
afin d'établir avec eux des relations commerciales. C'est des Phéniciens, dit-on, que les Celtibères ont reçu leurs idoles, car avant l'arrivée
de ces étrangers, ils conservaient encore, sui-

(1) Strabon et Ptolémée parlent de cette fusion comme
d'un fait avéré. Martial se disait issu des Celtes et des Ibères.
Ab Celtis genitus et Iberis.

(2) C'était un groupe d'îles situées vers la pointe sud-
ouest de la Grande-Bretagne

vant d'anciennes traditions, des traces du culte mosaïque, ou plutôt des traces du Sabéisme. Il paraît que leurs dieux principaux étaient Baal ou le soleil, et Astarté ou Astaroth la lune. Celle-ci était représentée sous la forme d'une tête de bœuf ou de vache avec des cornes ; de là vient sans doute que dans beaucoup de lieux du Portugal on a trouvé des taureaux de pierre sculptés grossièrement, mais portant toutes les marques de l'antiquité. Ce culte de la lune sous cette forme semble même s'être étendu sur toute la Péninsule, car on a trouvé jusque dans la Catalogne de ces taureaux symboliques.

Ce qui prouve jusqu'à un certain point que la religion primitive des Celtibères fut celle des Assyriens, c'est qu'on adorait à Séville une déesse sous le nom de *Salambo*, et que Salambo était la Vénus babylonienne.

Les Lusitaniens étaient comme nous l'avons dit de la grande famille Celte ; ils se distinguaient des Vascons, des Astures, des Cantabres et des Galiciens, *Gallaici* ; ils habitaient toute la partie orientale de la Péninsule, et leur pays était beaucoup plus vaste que le Portugal actuel, car il comprenait les deux Estremadures, et une partie du Léon et de la Castille nouvelle jusqu'à Tolède. Ils étaient divisés en tribus parmi lesquelles on distinguait les Catons, les Turdétains, les Turduliens et les Lusitains qui donnèrent leur nom au pays. Les Turdétains, dit Strabon, étaient les peuples les plus instruits de toute l'Espagne; ils avaient soumis leur langue à la grammaire et depuis *six mille ans*, ils avaient des lois et des poèmes. (1)

Nous venons de dire que l'ancienne Lusitanie était plus grande que le Portugal moderne. Pour ne pas revenir sur cet objet, nous parlerons ici des diverses limites que ce pays a reçues depuis que son histoire a pu acquérir quelque certitude. Au temps d'Auguste tout le pays qui est compris entre le Duero et le Minho faisait partie de la Galice, et quelques cantons du sud-est dépendaient de la Bétique; mais en revanche beaucoup de villes de la Castille, Avila, Salamanque, Cuidad-Rodrigo, Cacérès, Truxillo, Alcantara, Merida, etc., étaient comprises dans la Lusitanie. Sous la domination des Romains, des Suèves, des Vandales, des Goths, des Arabes et ensuite des Maures, ces limites changèrent souvent; d'ailleurs toutes les anciennes dénominations disparurent peu-à-peu et sous ces derniers, il se forma de la Lusitanie plusieurs petits états indépendants.

Constantin avait donné à l'Espagne une division nouvelle; au lieu de trois provinces il en forma sept. La limite septentrionale de la Lusi-

(1) Il est plus que probable que le judicieux Strabon n'a pas voulu donner six mille ans d'antiquité aux Turdétains. Il est à croire bien plutôt qu'il s'est glissé dans ce passage une erreur de copiste, que d'imaginer sans preuve avec le critique Masdeu que l'année dont parle Strabon n'était que de trois mois.

tanie fut toujours le cours du Duero ; à l'ouest et au sud, elle eut l'Océan ; à l'est elle s'étendit jusqu'à l'embouchure de la Guadiana (Anas) ; mais au nord-est elle s'avança jusqu'à la Tarraconaise. Sous le gouvernement des Suèves, les villes de Coïmbre, Viseu, Lamego, furent incorporées à la Galice qui arriva jusqu'au Mondego ; mais sous les rois Goths la Lusitanie reprit ses précédentes limites ; les Arabes bouleversèrent tout. Les rois de Léon ajoutèrent à la Galice tout ce qu'ils conquirent peu-à-peu de l'ancienne Lusitanie, et la Galice reporta ses frontières au Mondego.

On donnait alors au district de Porto le nom de *Portucale* ; ce nom fut étendu vers la fin du onzième siècle à tout le pays environnant dans un rayon de quelques lieues, et les limites de la Galice reculèrent de nouveau jusqu'au Minho. Cependant le Portugal ne formait pas encore un état séparé de la Galice ; on voit par les chartes de ce temps que le roi de Léon se dit comte de la Galice sans mention particulière de Porto, et que son gendre Raymond de Bourgogne à qui Alphonse VI avait donné le gouvernement de Coïmbre et de Porto, conjointement avec celui de la Galice, s'intitule prince ou comte de Galice ; mais, lorsque le même Alphonse eut donné au comte Henri le gouvernement de Coïmbre et de Porto à titre de dot de sa fille naturelle Thérèse, le Portucale, qu'on prononça bientôt après Portugal, fut regardé comme un pays distinct de la Galice. Les chartes de l'an 1097 nomment Henri de Bourgogne comte de Portugal, et ce nouvel état s'étendait entre le Minho et le Tage.

§ Ier LES PHÉNICIENS ET LES CARTHAGINOIS.

S'il fallait en croire Masdeu, critique ordinairement judicieux mais un peu suspect lorsqu'il s'agit des gloires de son pays, les Phéniciens arrivèrent sur les côtes de l'Espagne vers le XVIe siècle avant J. C. Dans le siècle suivant, selon le même auteur, ils fondèrent Cadix ; et d'après Aristote ils trouvèrent à Tarifa tant d'argent que leurs vaisseaux ne purent en emporter qu'une partie. Il est évident que le philosophe grec s'est laissé entraîner par l'amour du merveilleux, et que l'écrivain espagnol a exagéré ; mais de là on peut conclure que les établissements des Phéniciens au sud-ouest de l'Espagne ont précédé la fondation de Carthage et que la Bétique et la Lusitanie avaient beaucoup de richesses métalliques. Des monnaies et des médailles témoignent de leur long séjour dans la Péninsule. Dans la suite les Carthaginois vinrent probablement se mêler aux Phéniciens de qui ils descendaient et dont ils conservaient les mœurs et le langage.

Malgré les soins que les Phéniciens mettaient

à tenir secrètes leurs découvertes, de peur que d'autres peuples ne tentassent de partager avec eux les bénéfices du commerce maritime, les Grecs avaient deviné ou du moins soupçonné les routes que suivaient les vaisseaux de Tyr : les Rhodiens formèrent des établissements sur la côte occidentale de la Péninsule, tandis que les Carthaginois menaçaient Cadix dont ils finirent par se rendre maîtres, après plusieurs combats où ils furent vainqueurs des Phéniciens et des indigènes. Les progrès des Carthaginois ne furent point rapides; ils négligèrent d'ailleurs la Lusitanie, et les provinces de l'ouest excitaient d'autant plus leur sollicitude que leur situation les exposait davantage aux attaques des Romains. Ceux-ci en effet ne tardèrent pas à paraître en Espagne et après une lutte acharnée de treize ou quatore ans, à les chasser pour toujours de cette contrée.

L'Espagne fut alors divisée en deux grandes provinces, citérieure ou en deça de l'Ebre et ultérieure ou au delà de ce fleuve, au nord.

§ II. LES ROMAINS.

L'Espagne entière avait subi le joug de Rome toutefois il paraît que les Celtibères et les Lusitains ne se soumirent qu'imparfaitement; et, que durant un demi siècle (de 205 à 149 avant

J. C.), il y eut entre eux et les Romains une guerre opiniâtre où les alternatives de succès et de revers se balançaient de telle manière que les Romains n'avaient aucun avantage ; et il est à présumer que si la mésintelligence ne s'était pas mise entre les Lusitains et les Celtibères, ils auraient fini pas secouer le joug des Romains. Le consul Lucullus et le préteur Galba avaient pénétré jusqu'au fond de la Lusitanie dans l'intention d'exterminer l'une après l'autre toutes les tribus guerrières des Lusitains ; il n'était pas facile d'y parvenir de force. Galba y employa la ruse et la perfidie la plus atroce. Les Lusitains lui avaient envoyé des députés pour lui offrir leur soumission à des conditions honorables ; Galba eut l'air d'accepter avec joie leur proposition ; il répondit aux députés qu'il ne voulait qu'améliorer le sort de leurs compatriotes en leur donnant, pour l'habiter, une contrée plus fertile et plus abondante que celle qu'ils possédaient. Les Lusitains séduits par ses promesses, se rendirent auprès de lui ; il les divisa en trois corps pour les diriger plus aisément vers la nouvelle patrie qui les allait recevoir. Il leur fit ensuite quitter leurs armes sous prétexte qu'ils n'en auraient plus besoin ; mais à peine les confiants Lusitains furent-ils désarmés, qu'il les fit envelopper et massacrer par ses troupes. Neuf mille perdirent la vie ; vingt mille furent faits prisonniers et vendus dans la Gaule comme esclaves.

Quelques-uns parvinrent à se sauver. Du nombre de ces derniers était Viriate, simple berger, mais doué d'une âme forte, d'un indomptable courage et d'un génie qui semblait n'attendre que l'occasion de se développer. Justement irrité contre les bourreaux de ses compatriotes, il fit partager son indignation et ses espérances à tous ceux que les promesses fallacieuses de Galba n'avaient pu arracher de leurs foyers. Il les réunit autour de lui ; mais ne pouvant encore, à cause de leur petit nombre, entreprendre une guerre réglée, il se contenta durant plusieurs années de harceler l'ennemi qu'il ne pouvait combattre, d'intercepter ses convois, d'attaquer ses détachements, de lui enlever le butin qu'il avait fait. Dès qu'il était ou qu'il pouvait être poursuivi par des forces supérieures, il gagnait ses montagnes qui lui offraient d'inaccessibles retraites.

Sa valeur, son audace, ses qualités guerrières attirèrent enfin sous ses drapeaux des bandes nombreuses de mécontents; toutes les tribus non soumises le reconnurent aussi pour leur chef (147 ans avant J. C.). Ce fut alors qu'il descendit dans les plaines de la Lusitanie. Le préteur Vitellius vint l'attaquer avec dix mille hommes. Trop faible pour résister et trop prudent pour engager ses soldats encore mal disciplinés avec les vieilles bandes romaines, Viriate évita le combat, et trompa le préteur par un adroit stratagème ; mais bientôt après l'ayant attiré dans une embuscade, il tua où prit la moitié de ses troupes ; le préteur lui-même périt dans la mêlée. Viriate poursuivant ses avantages pénétra dans la Carpétanie et ne s'arrêta que lorsque Nigidius préteur de l'Espagne citérieure accourut de Tarragone avec ses légions pour venger la défaite de son collègue. Viriate battit en retraite ; poursuivi à son tour jusqu'aux frontières de la Lusitanie, et profitant d'une position avantageuse il fit tout à coup volte face et défit complétement les Romains.

L'année suivante (146 avant J. C) Viriate remporta de nouveaux avantages ; les deux préteurs essuyèrent sur les bords du Tage une défaite totale. Le vainqueur parcourut toute la Bétique qui se soumit sans résistance ; il arriva jusqu'à la côte occidentale, où la ville de Ségobriga (Ségorbe dans le royaume de Valence) voulut résister ; il en triompha par la ruse, à propos soutenue par les armes ; les malheureux habitants furent passés au fil de l'épée. Le sénat romain, en apprenant ces désastres et la perte de la moitié au moins de la Péninsule, envoya le consul Q. Fabius Maximus avec dix-sept mille hommes ; mais le consul qui comptait peu sur ses troupes évita pendant un an entier la rencontre de Viriate ; et quand il permit à ses lieutenants d'attaquer l'ennemi ou de lui tenir tête, les défaites et les victoires se succédèrent avec tant de constance que, malgré la défection de plusieurs tribus celtibères qui, fatiguées de la guerre, abandonnèrent la cause commune , Pompeius Rufus , successeur de Metellus qui lui-même avait remplacé Fabius, fut obligé de faire la paix avec Viriate; car la guerre était extrêmement à charge aux Romains qui avaient beaucoup de peine à recruter leur armée, tandis que le chef lusitain réparait très-promptement ses pertes. Au reste Viriate désirait lui-même la paix, et il l'offrait toujours après ses victoires; il sentait qu'il traiterait avec plus d'avantage vainqueur que vaincu, dit un des historiens de cette guerre (1).

Cependant le sénat, quoiqu'il eût ratifié cette paix, donna dit-on au préteur Cœpion l'ordre secret de continuer la guerre. Viriate avait déjà licencié une partie de son armée (134 av. J. C.) lorsqu'il fut inopinément attaqué par Cœpion avec toutes ses forces. Viriate usa d'abord de la même tactique qu'il avait déployée devant Vitellius, et il parvint à sauver son armée. Ensuite ne pouvant concevoir pourquoi on l'avait attaqué contre la foi des traités, il envoya trois de ses officiers au camp romain. Cœpion corrompit par la promesse d'une magnifique récompense les trois Lusitains; ils pénétrèrent la nuit dans la tente de Viriate, le trouvèrent endormi et l'assassinèrent. Ces trois misérables se présentèrent le lendemain au préteur pour recevoir le prix

(1) *Pacem à populo romano maluit integer petere quàm victus.* Aurel Vict.

de leur crime, et le préteur les fit chasser de sa présence. Tous les historiens de ce temps ont justement flétri le nom de Cœpion d'infâmie ; il paraît même d'après un passage de Cicéron et l'assertion de Strabon que le sénat romain, pour ne point paraître complice de son perfide agent, le bannit de Rome après l'avoir privé de tous ses biens. Ainsi périt Viriate, digne d'un meilleur sort ; qui, dit Florus, serait devenu le Romulus espagnol, si la fortune avait secondé son courage. *Si fortuna cessisset, Hispanæ Romulus* (1).

Les Lusitains, après avoir donné les premiers jours aux regrets et à la douleur (133), songèrent à désigner le successeur de Viriate ; mais le nouvel élu héritait du pouvoir non du génie du héros lusitain. Il se hâta de conclure la paix avec Rome, qui put alors diriger toutes ses forces contre Numance.

Un demi-siècle s'écoula sans que les Lusitains songeassent à reprendre les armes ; ce ne fut que vers l'an 80 avant J. C. qu'accompagné de cinq mille vétérans qu'il avait réunis en Afrique, Sertorius débarqua sur les côtes de la Lusitanie. Il avait été obligé de sauver, en fuyant, sa tête de la proscription ; l'Espagne semblait d'abord

---

(1) Lucius florus rend ce témoignage à Viriate quoiqu'il l'ait d'abord traité de voleur ; il finit même par dire qu'en le faisant assassiner, Pompilius (car c'est à Pompilius que par erreur il attribue ce crime) prouva que Viriate n'avait pu être vaincu autrement : *Hanc hosti gloriam dedit, ut videretur aliter vinci non potuisse.*

lui offrir un asile, mais les préteurs de Sylla l'y poursuivirent; il avait passé en Afrique. Ce fut là qu'une députation partie des montagnes de la Lusitanie lui alla offrir le commandement des tribus lusitaines, s'il consentait à les protéger contre les agents du dictateur. Une première victoire remportée sur les deux préteurs excita le courage des tribus lusitaines et céltibériennes, dont les guerriers vinrent en foule se ranger sous sa bannière. Il commença par réunir les deux nations: il leur donna des lois, un sénat, un gouvernement pareil à celui de Rome; il équipa l'armée, et la forma à la tactique romaine; il créa des universités, des écoles, distribua des prix, accorda des priviléges, des immunités, fit exploiter les mines du pays, établit des manufactures d'armes, favorisa la culture des arts mécaniques. Par là, il acquit sur les indigènes un tel ascendant, qu'il ne tarda pas à les voir entièrement dévoués à ses volontés. Au fond, il paraît que Sertorius ne prétendait se servir des Lusitains que comme d'un instrument pour écraser ses ennemis personnels, renverser Sylla et s'emparer de la dictature.

Le consul Metellus Pius attaqua Sertorius avec des forces considérables, et la fortune fut longtemps indécise, mais à la fin, la défection de Perpenna, qui passa dans les rangs rebelles avec seize mille soldats, fit pencher la victoire. Pompée fut envoyé au secours de Metellus, et Sertorius triompha pendant quelque temps de

Pompée ; mais celui-ci ayant opéré sa jonction avec Metellus, leur ennemi fut contraint de battre en retraite. Lorsqu'il eut rallié ses troupes et ranimé leur courage, il les conduisit de nouveau à l'ennemi ; il battit encore Pompée ; mais son lieutenant Perpenna fut battu le lendemain.

La guerre aurait pu se prolonger longtemps encore, si des traîtres n'avaient conspiré contre les jours de Sertorius. Perpenna voulait lui succéder : aidé de quelques scélérats, il l'assassina. Il ne jouit pas du fruit de son crime : vaincu par les Romains peu de jours après, il fut fait prisonnier et conduit à Pompée, qui ordonna son supplice ; tous les complices du crime partagèrent le sort de Perpenna. Avec Sertorius périt jusqu'à l'espoir de l'indépendance nationale ; mais son nom lui survécut, et pendant bien longtemps les indigènes ne le prononcèrent qu'avec respect. La Lusitanie se soumit à Pompée. Neuf ou dix ans plus tard (71 avant J. C.) César nommé préteur de l'Espagne ultérieure, visita la Galice et la Lusitanie.

Les Lusitains jouirent de quelques années de repos ; la guerre que se firent Jules César et Pompée eut pour théâtre les provinces de l'ouest. Ce ne fut que vers l'an 43 qu'un dernier fils de Pompée chercha à venger la mort de son père et de son frère aîné, et souleva la Lusitanie, d'où il se porta dans la Bétique. La mort du dictateur ayant donné naissance au fameux Triumvirat,

Auguste, à qui l'Espagne était échue, parvint
à y ramener la tranquillité. L'Espagne fut alors
divisée en plusieurs provinces, et la Lusitanie
se trouva réduite, à peu de chose près, au territoire actuel du Portugal, moins le pays situé
entre le Minho et le Duero.

Sous les empereurs, l'Espagne, province romaine, jouit d'une paix qui ne fut que très-légè-
rement troublée de temps en temps par des
événements intérieurs; encore ces troubles n'at-
teignirent-ils pas la Lusitanie.

§ III. LES ALAINS, SUÈVES, VANDALES.

L'an 409 de l'ère chrétienne, les Vandales
conduits par Genséric, les Alains sous les
ordres de Respendial, les Suèves que commandait Hermerich, réunissant leurs forces,
passèrent les Pyrénées et inondèrent la Péninsule de leurs hordes féroces et sanguinaires,
pillant et brûlant les villes, dévastant les campagnes, massacrant les habitants qui n'opposèrent qu'une très faible résistance. Au bout de
deux ans, sentant tous les avantages d'une possession tranquille, ces divers peuples firent de
l'Espagne plusieurs lots qu'ils tirèrent par la
voie du sort. La Lusitanie échut aux Alains; les
Romains ne conservèrent que la Tarraconaise,

qu'ils ne tardèrent pas à se voir ravie par les Wisigoths.

Les Alains prirent peu de part aux guerres que les Goths firent aux Suèves et aux Vandales. Ceux-ci, guidés par Genséric, allèrent fonder un royaume en Afrique; les premiers, après avoir considérablement étendu leurs domaines et resserré les Alains dans leurs pays, furent défaits par Théodoric, roi des Wisigoths. Leur roi Réchiar fut fait prisonnier, et mis à mort; Théodoric voulait pénétrer chez les Alains, mais il fut obligé de retourner dans la Gaule. Les Suèves profitèrent de son absence pour dévaster la Lusitanie (458) sur les deux rives du Duero. Maldras, qu'ils avaient élu pour leur roi, parcourut ce pays le fer et la flamme à la main. Maldras fut puni de ses cruautés par ses sujets qui l'assassinèrent.

Sous le règne de Remismond la Lusitanie fut de nouveau dévastée (465); et sous le règne d'Euric, qui, pour monter sur le trône, avait assassiné son frère Remismond, toute la partie septentrionale de ce pays fut en proie aux plus grands excès. Les Suèves égorgeaient indistinctement les Alains et les indigènes. Les Goths à leur tour n'épargnèrent pas les Suèves, et la Lusitanie demeura sinon soumise, du moins ruinée et hors d'état de briser le joug nouveau qu'on lui imposait. Depuis cette époque il n'est plus fait mention dans l'histoire de la Lusitanie, qui n'est plus qu'une province du vaste empire des Goths.

§ IV. LES ARABES.

Le trône de Rodéric, renversé par la main
des Arabes, tomba sans violente secousse. La
Lusitanie la ressentit à peine, et ce ne fut qu'a-
près la conquête de toute la portion de pays
qui s'étend depuis la Méditerranée jusqu'aux
Pyrénées qu'Abdelazis, fils de Moussa, entreprit de soumettre les provinces de l'ouest; et
cette conquête, qu'il fit en personne, ne lui
coûta guère que de se montrer, tant la présence
des Arabes inspirait de terreur aux indigènes
(714-15). Lorsque le dernier émir arabe, Jussef-
el-Fehri voulut procéder à une nouvelle répar-
tition du territoire espagnol, il en forma cinq
grandes provinces : Cordoue, Baza, Mérida, Saragosse et les Pyrénées. La troisième, Mérida,
que les Arabes nommèrent Maréda, comprenait
toute l'ancienne Lusitanie et la Galice; elle renfermait les villes de Maréda, capitale, Bara-
caro (Braga), Leschbuna (Lisbonne), Portokal
(Oporto), Lek (Lugo), Eschtorka (Astorga),
Bataljos (Badajoz), Elbora (Evora). Un Wali
ou gouverneur général administrait chaque province; les commandants des places fortes s'appelait Alkaydes. Le siége du gouvernement, la
résidence de l'émir de qui tous les Walis rele-
vaient, était fixé à Cordoue. Cette division

subsista, après que l'arabe Abderahman, seul rejeton de la race des anciens Califes ommeïahs, eut détruit en Espagne l'autorité des Abbas- sides, dépossédé l'émir et fondé un nouveau Califat qui, quelque temps après lui, reçut le nom de califat d'Occident ou de Cordoue.

Tranquille possesseur du trône qu'il venait d'élever. Abderahman visita toutes les villes de l'Ouest (786), construisit partout des mosquées, et fit au surplus tout ce qui dépendait de lui pour rendre le joug musulman léger aux peuples soumis. La Lusitanie continua d'être une dé- pendance du gouvernement de Mérida. La nou- velle division de l'Espagne, en six provinces, Cordoue non comprise, laissait subsister ce gouvernement important.

Alphonse-le-Chaste, roi des Asturies, attaqué dans les montagnes par les musulmans, rem- porta sur eux une victoire signalée. Sept mille de ces derniers restèrent sur le champ de ba- taille, et Alphonse, profitant de la terreur qui avait saisi les musulmans, descendit dans la Lusitanie, arriva jusqu'au Tage, et planta ses drapeaux sur les murs de Lisbonne. Il y fit un butin immense et cette conquête lui parut à lui- même si glorieuse, qu'il envoya des ambassa- deurs à Charlemagne pour la lui annoncer. Malheureusement il ne la garda pas longtemps, et bientôt après il eut assez de peine à repousser les musulmans à Zamora.

Vers le milieu du IXe siècle (843), les Nor-

mands parurent avec soixante ou quatre-vingts
bâtiments d'abord devant la Corogne, ensuite
devant Lisbonne, qu'ils tinrent assiégée pendant treize jours. Ils ne purent prendre la ville,
mais ils se vengèrent sur la campagne des environs et les villages voisins. A l'approche des
troupes musulmanes, ils se retirèrent; ce fut
pour aller reparaître sur la côte de l'Algarve.
L'année suivante, ils revinrent à la charge, ré-
montèrent la Guadiana et le Tage, menacèrent
de nouveau Lisbonne et Coïmbre. En 862,
tandis qu'Almondhir guerroyait dans la province d'Alava, le roi Ordogne, sortant de la Galice, envahit la Lusitanie, où il brûla la ville de
Cintra et beaucoup de villages, depuis le Duero
jusqu'au Tage. Ces invasions se renouvelèrent
les années suivantes.

La Lusitanie jouit toutefois d'un siècle de
paix. Ses habitants, adonnés à la culture des
terres, et placés à une extrémité de l'Espagne,
semblaient étrangers à tous les événements qui
agitaient les provinces centrales et orientales;
mais après ce long intervalle de repos, l'apparition des Normands vint faire naître de nouvelles alarmes; ils débarquèrent près de Lisbonne, mais les habitants coururent aux armes,
et les pirates, remontant sur leurs bâtiments,
s'éloignèrent à la hâte, de sorte que les vaisseaux envoyés contre eux ne purent les atteindre.

La fin du X* siècle, depuis 976 jusqu'à 1002,
fut une époque de guerres sanglantes. Le fa-

meux Almanzor, qui n'était que ministre (hadgib)
du calife de Cordoue, mais qui réellement avait
toute l'autorité dans ses mains, nourrissait
contre les chrétiens une haine profonde, exal-
tée par le fanatisme religieux. Il avait juré
d'exterminer les princes chrétiens ou de périr
lui-même. Il périt, mais ce né fut qu'après
vingt-cinq années d'une guerre cruelle. La Lusitanie en souffrit peu, mais les provinces du
nord furent plus d'une fois dévastées. La mort de
ce fougueux musulman ne rendit pas la paix à
l'Espagne. Son fils Abdelmelik lui succéda et
continua la guerre contre les chrétiens ; mais,
après six ans de règne, car on peut donner ce
nom au temps de son administration, il fut
empoisonné. Son frère Abderahman fut tué
dans une émeute au bout de quatre mois, et,
depuis ce moment, les factions diverses qui
s'étaient formées, se disputèrent le pouvoir, le
fer et la flamme à la main. Les walis des provinces, les commandants des places fortes profitèrent de ce temps de troubles pour acquérir
l'indépendance. Dans la Lusitanie, les walis
de Niebla, de Lisbonne, de Badajoz ne reconnaissaient plus de supérieurs : l'anarchie était
au comble. Le roi de Léon, Alphonse V, de
son côté, reculait ses fontières ; Zamora fut reconstruite, et les limites de son royaume furent
reportées au delà du Duero. Il alla même mettre
le siége devant la forte place de Viseu, à peu de
distance du Mondégo. Un jour qu'il faisait le

tour de la ville à cheval, il fut aperçu des remparts, et on lança contre lui une flèche qui l'atteignit et le tua (1027).

Le roi Ferdinand Ier, qui déjà roi de Castille avait pris le Léon, la Galice, les Asturies, et toutes leurs dépendances, après la mort de Bermudes III, dont il avait épousé la sœur, et qui ne laissait point d'enfants, poussa ses conquêtes dans la Lusitanie, plus loin qu'Alphonse V. Il prit d'abord Lamégo et Viseu (1038) ; il s'empara plus tard de Coïmbre (1064), et de toutes les places que les chrétiens avaient perdues au temps d'Almanzor. L'émir de Badajoz (1) ne pouvait qu'à peine résister à ce prince, le plus puissant alors de toute l'Espagne. Lorsqu'il mourut, il fit, comme l'avait fait son père Sanche-le-Grand, la faute de diviser ses états entre ses enfants. Garcia, le plus jeune, eut la Galice et le *Portugal*, c'est-à-dire tout le pays compris entre le Minho et le Mondego, la moitié à peu près du Portugal actuel (1065) ; mais Sanche, roi de Castille, l'aîné des trois frères, ne tarda pas à déposséder Alphonse, qui avait le Léon et les Asturies (1071), et successivement Garcia, qui s'enfuit même sans combattre. Pour avoir l'entier héritage de son père, il ne manquait plus à Sanche que la forte place de Zamora que Ferdinand avait donnée à sa fille

____

(1) Tous les Walis des ancienn s provinces, en se rendant indépendants, se déclarèrent Emirs.

Urraque. Celle-ci s'enferma dans la place ;
Sanche en commença le siége qu'il convertit
en blocus, désespérant de s'en rendre maître
de vive force ; mais un assassin s'introduisit
dans son camp, et le tua. Urraque et Alphonse
furent fortement soupçonnés d'avoir fait commettre le crime.

La partie méridionale du Portugal, avec les
villes de Béja, Evora, Lisbonne, Silves, etc.,
dépendait de l'émir de Badajoz et d'Algarve,
Abdallah-ben-Alaftas. Il y avait encore au sud
du Portugal un petit état qui comprenait Ste.-
Marie de l'ouest, et Ocsonoba dans l'Algarve
actuel. Cependant la puissance musulmane dé-
clinait de plus en plus. Le morcellement du
califat de Cordoue avait eu pour premier résultat l'affaiblissement de tous ceux qui avaient
pris part aux dépouilles ; et lorsqu'on vit Alphonse VI, qui, après l'assassinat de Sanche,
était devenu son successeur, s'emparer de la
très forte ville de Tolède, sans que les émirs
voisins, et particulièrement ceux de Badajoz et
de Séville eussent pu l'empêcher, on ne douta
plus de la ruine prochaine de l'Islamisme. L'é-
mir de Séville, voulant prévenir le malheur
qu'il prévoyait, prit le parti désespéré, contre
l'avis de son fils et de quelques hommes sages,
d'appeler en Espagne le chef puissant des Almoravides d'Afrique, Jussef-ben-Taxfin, qui
venait de fonder l'empire de Maroc. Jussef saisit
avec empressement l'occasion d'étendre sa

domination, sous les apparences perfides d'un auxiliaire.

Après s'être fait remettre la ville et le port d'Algéziras, qu'il fortifia avec soin, il traversa le détroit avec une armée immense à laquelle s'unirent les troupes de Séville, celles de Badajoz, de Cordoue, et de tous les émirs musulmans. Alphonse, de son côté, fit un appel à tous les princes chrétiens; et quand toutes les troupes furent réunies, il les conduisit à la rencontre des Andalous et de leurs féroces auxiliaires. La bataille fut livrée à quelques lieues de Badajoz, dans la plaine de Sacralias, que les Arabes appellent Zalaca; et c'est ce nom qui, même en Espagne, a prévalu pour désigner cette journée funeste où, après des efforts inouis de bravoure, Alphonse essuya une défaite complète (23 octobre 1086).

Le désastre de Zalaca ne fit point perdre courage au roi de Castille; et, dès l'année suivante, il fut en état, non-seulement de tenir la campagne, mais encore de forcer l'armée ennemie à se disperser (1090). D'un autre côté, la mésintelligence se mit entre les émirs espagnols; et bientôt les Espagnols eux-mêmes et les Almoravides devinrent ennemis; car Jussef cessant de dissimuler, manifesta l'intention de mettre fin à la domination des émirs, qui furent tous dépossédés les uns après les autres. L'émir de Séville, qui avait appelé ces farouches Africains, chargé de fers et transporté à

Maroc, alla expier son imprudence dans un cachot, dont les portes se refermèrent sur lui pour toujours.

Un général de Jussef, Syr-ben-Bekir, fut chargé de soumettre l'Algarve et le Portugal, dont l'émir Omar-ben-Alaftas résidait toujours à Badajoz. Xelva, Evora, et plusieurs autres places tombèrent au bout de quelques jours. Aben-Alaftas rassembla promptement ses troupes pour repousser l'invasion; mais la fortune était déclarée en faveur des Almoravides. L'émir subit une défaite d'autant plus meurtrière qu'il avait fait de plus grands efforts pour arracher la victoire aux Africains. Ses deux fils furent faits prisonniers, et lui-même fut contraint de s'aller renfermer dans Badajoz, où il ne tarda pas à être assiégé. Il régnait alors parmi le peuple andalous une sorte de terreur panique née d'une prétendue prophétie, suivant laquelle un conquérant africain devait subjuguer tous les émirs espagnols; il croyait le moment venu, et il jugeait la défense inutile. Aussi, Omar-ben-Alaftas fut forcé par les habitants de Badajoz à capituler.

On lui avait promis qu'il jouirait de la faculté de se retirer librement, lui, sa famille et ses partisans, et d'emporter tous ses biens mobiliers. Aussitôt après qu'Omar fut sorti de la ville, Syr-ben-Bekir la fit occuper par ses troupes; puis il envoya un détachement de cavalerie à la poursuite du malheureux émir qu'on eut bientôt atteint. On commença par battre de verges le père et ses deux fils; ensuite on trancha la tête à ces derniers, et on l'immola sur les cadavres de ses enfants. Son plus jeune fils, qui était wali de Santarem, fut jeté dans une prison, d'où il ne sortit pas (1094). Ainsi finit la domination des Beni-Alaftas sur le Portugal. Le cruel Jussef ne désapprouva pas la déloyale barbarie de son général. La fin tragique d'Omar a servi de sujet à un grand nombre de pièces de vers, qui toutes célébraient les vertus de l'émir, et le présentaient comme un exemple de l'instabilité de la fortune. Il paraît qu'Omar avait aimé, protégé et cultivé les sciences, les lettres et la poésie ; on lui reproche même d'avoir quelquefo.s négligé les affaires pour s'y livrer avec plus d'assiduité.

Ce fut après la ruine des émirs andalous, qu'Alphonse VI donna sa fille Thérèse au comte Henri de Bourgogne avec le Portugal pour dot. Avant cette cession, les rois de Castille nommaient aux villes de ce pays des gouverneurs d'un mérite éprouvé, tant pour y exercer le pouvoir en leur nom, que pour les défendre contre les attaques continuelles des mulsumans; mais, comme, à raison de l'éloignement du Portugal, il fallait que les gouverneurs eussent des pouvoirs très-étendus, plus qu'il ne convenait au roi de les donner de peur de voir ces gouverneurs viser à l'indépendance, Alphonse se décida sans peine à créer un comte qui deviendrait vassal de la Castille. Ce qui contribua sans doute à lui démontrer la nécessité d'avoir dans le Portugal, un comte dévoué, dont l'état servit pour ainsi dire de barrière aux mulsumans qui voudraient attaquer le Léon, ce fut le souvenir des services qu'avait rendus le gouverneur Sisenand, qui avait pris le titre d'Alvasir de Coïmbre.

Ce Sisenand né dans Coïmbre d'une famille opulente, avait été enlevé et emmené à Séville par l'émir de cette ville Aben-Abed. Comme il sut gagner par ses qualités l'estime des Maures, il conçut le projet d'obtenir la restitution de ses propriétés, et ses idées s'agrandissant peu-à-peu, de délivrer son pays de la domination des musulmans. Le roi de Castille (c'était alors Ferdinand père d'Alphonse) entra dans les vues de Sisenand qui dirigea l'expédition et fit preuve d'une grande habileté. Personne ne paraissait plus capable de conserver la conquête de Coïmbre que celui qui l'avait faite. Sisenand fut nommé gouverneur de tout le pays conquis, depuis Lamégo jusqu'à la mer. La seule obligation qui lui fut imposée ce fut de favoriser et d'encourager la culture des terres. Après la mort de Ferdinand, Alphonse confirma Sisenand dans son gouvernement, et Sisenand agrandit et embellit Coïmbre, restaura ou fortifia plusieurs châteaux et plusieurs places dont les Maures avaient abattu les murailles.

Sisenand réunissait au pouvoir de gouverner

et de commander les troupes, celui d'administrer la justice; et c'était principalement dans
ses fonctions de magistrat qu'il prenait le titre
d'Alvasir. En un mot, il jouissait presque des
attributs de la souveraineté. Il s'en fallut même
de fort peu que sa charge ne devînt héréditaire;
car à défaut d'enfants mâles il eut pour successeur son gendre Martin Moniz, mais il paraît
que celui-ci ne retint ses fonctions que de 1092
à l'année suivante; car, en 1094, on voit déjà
le comte Raymond gendre d'Alphonse, seigneur
ou prince de Galice et de Coïmbre. Alphonse
avait alors ajouté à Coïmbre, Lisbonne, Santarem et Cintra. Raymond lui-même n'administra
le Portugal que jusqu'à la fin de 1095, car dès
le mois de décembre de cette année, Henri
porte le titre de *Comes Portugalensis.* On n'a
pas oublié que Henri, de la première maison
de Bourgogne, avait épousé Thérèse, fille naturelle d'Alphonse VI. Raymond ne porte plus
dans les chartes de ce temps que le titre de
comte de Galice, et les frontières du Portugal
furent reportées au Minho, telles qu'elles sont
encore aujourd'hui de ce côté; car à l'est et
surtout au sud, ce ne fut que longtemps après
que ce pays acquit des limites permanentes.

CHAPITRE Ier.

=

HENRI DE BOURGOGNE. — SA VEUVE THÉRÈSE ET L'INFANT ALPHONSE.

(De 1095 à 1138.)

Henri de Bourgogne, petit-fils du duc Robert I, et arrière petit-fils de Robert roi de France, était venu en Espagne avec son parent Raymond pour y servir la cause des chrétiens contre l'islamisme. Ces deux princes se rendirent très-utiles au roi de Castille Alphonse VI, tant par leur bravoure personnelle que par leurs talents militaires. Pour les récompenser de leur dévouement et les attacher davantage à sa personne, il donna sa fille Urraque à Raymond, et sa fille Thérèse à Henri. Celle-ci n'était point née d'un hymen légitime, mais son père tendrement attaché à sa mère Chimène, avait pour elle la plus vive affection. Urraque était fille de Constance de Bourgogne, seconde épouse du roi, et si le roi n'avait point d'enfants mâles (il ne lui en était pas encore né) Urraque devait hériter du royaume. Ce fut parceque le comte Raymond avait pour perspective, la couronne de Castille et Léon qu'Alphonse ne craignit pas de lui reprendre le Portugal, pour en faire l'apanage de Thérèse.

Tant qu'Alphonse vécut, Henri se montra toujours vassal soumis et fidèle, ou plutôt, il agit en fils respectueux et reconnaissant; et quoiqu'il jouit d'une autorité sans bornes, il ne paraît point qu'il en ait jamais abusé. Au reste, on ne peut dire d'une manière positive, si Henri avait reçu le Portugal comme un fief, ou si la propriété pleine et entière lui en fut donné comme les Portugais le prétendent. Ce qui est certain, c'est que le comte Henri ne reçoit jamais dans les actes du temps, le titre d'Alvazir, ni celui de gouverneur, qu'il y est toujours dit au contraire : *le comte Henri régnant à Coïmbre*, etc. ; et que les Portugais ses sujets l'appelaient *notre prince*.

La mort d'Alphonse (1109) releva le courage des musulmans qui avaient appris à le redouter et à le considérer comme le *bouclier de l'Espagne chrétienne*; le comte Raymond avait précédé son beau-père dans la tombe; mais il avait laissé un fils en bas âge; Alphonse, avant de mourir, avait voulu assurer le repos des états chrétiens en donnant pour second époux à sa fille l'homme le plus capable de combattre les musulmans avec avantage, Alphonse d'Aragon

surnommé le batailleur. Mais le caractère im-
périeux et altier d'Urraque ne put se soumettre
aux volontés de son mari. Raymond de Bourgogne lui avait laissé prendre les habitudes de la domination. Il paraît d'ailleurs que ses mœurs n'é-
taient pas très-pures, et que plusieurs seigneurs
Castillans, entre autres le chef de la maison de
Lura, eurent avec elle des liaisons suspectes,
ce qui mit de bonne heure la mésintelligence
entre les deux époux, produisit la guerre civile,
et usa dans cette lutte impie des forces qui,
dirigées contre les musulmans, les auraient
expulsés de l'Espagne trois siècles avant la conquête de Grenade.

Henri profita de ces troubles pour consolider
son propre pouvoir, et le rendre indépendant
de la Castille; mais d'un autre côté, tandis qu'il
cherchait à tenir la balance entre les partis,
les musulmans qui étaient bien instruits de
tout ce qui se passait reprirent Lisbonne et Santarem. Henri gagna dans le nord ce qu'il perdait
au midi; il avait d'abord pris parti pour Alphonse; mais quand celui-ci, assiégeant sa femme dans Astorga, laissa voir clairement qu'il
tendait à posséder exclusivement toute l'autorité,
Henri, effrayé de l'accroissement de la puissance
d'Alphonse, se déclara soudain pour la reine
qui, pour reconnaître le secours qu'elle venait
d'en recevoir, lui donna plusieurs cantons de
la Galice et du Léon, sur la rive droite du Minho.
Peut-être ne fit-elle que sanctionner son usur-

pation. Au reste, dans les actes de ces dernières années de sa vie il s'intitule : *comte et seigneur de tout le Portugal*, sans faire aucune mention du roi de Castille. En 1111, il concéda des priviléges à la ville de Coïmbre, et il le fit comme souverain, ne relevant de personne ; deux ans avant cette époque il avait cédé quelques terres à un gouverneur de district, lequel se reconnut son vassal direct.

Le comte de Portugal mourut dans Astorga trois ans après son beau-père (1112) ; son corps fut transporté à Braga, ainsi qu'il l'avait ordonné par son testament. On l'ensevelit dans une petite chapelle de l'Eglise épiscopale. Henri laissait un fils en bas âge ; on lui avait donné les noms de son aïeul et de son père, Alphonse-Henriquez. Thérèse, sa mère, femme d'un grand caractère, alliant la prudence au courage et à l'ambition, sut maintenir l'ouvrage de son mari. Elle fit plus ; elle n'avait porté du vivant de Henri que les titres d'infante et de comtesse ; elle prit celui de reine. A la vérité, c'était alors l'usage de donner le titre de reine aux sœurs et aux filles des rois, comme le remarque Rodrigue de Tolède, et quelquefois, pendant la vie du comte, Thérèse fut appelée infante et reine ; mais après 1112, le mot infante fut supprimé, et celui de reine fut seul employé, quoique le Portugal ne fût pas encore érigé en royaume. Dans un traité qu'elle fit avec sa sœur Urraque, elle agit comme souveraine indépendante, et Urraque lui céda Zamora avec ses dépendances sans réclamer en aucune manière aucun droit de suzeraineté sur le Portugal. Ce qui explique cette condescendance de la part de l'orgueilleuse reine de Castille, c'est que, pressée alors par l'aragonais Alphonse, elle se trouvait dans un embarras qui aurait abouti pour elle à quelque catastrophe, si le Portugal, déjà déclaré contre elle, s'était ligué avec son mari, au lieu de souscrire à la paix qui paraît avoir été faite vers l'an 1120.

Longtemps après, Thérèse, comptant pouvoir profiter de la minorité du jeune roi de Galice (c'était Alphonse Raymondez, fils du comte de Bourgogne et d'Urraque), envahit la Galice et s'empara même de la ville de Tui ; pour consolider ensuite sa domination au delà du Minho, elle construisit plusieurs forteresses sur la rive droite ; mais l'archevêque de Sant-Yago, plus fait pour commander des troupes que pour diriger une Eglise, appela tous les Galiciens aux armes, et les Portugais furent repoussés au delà du fleuve. Thérèse, que le danger n'effrayait pas et qui savait opposer à la mauvaise fortune une infatigable persévérance, renouvela plusieurs fois ses invasions en Galice, mais elle ne put triompher du jeune Alphonse Raymondez ; elle gagna du moins à la guerre son indépendance absolue comme souveraine du Portugal ; le roi de Galice, que la mort d'Urraque avait laissé paisible possesseur du trône de Castille et

Léon, avait trop de peine à réprimer l'audace et les prétentions des grands de son royaume, pour vouloir encore se mettre les Portugais sur les bras; il se contentait de maintenir l'intégrité de ses frontières, et il laissait Thérèse au delà des siennes jouir sans obstacle de toute sa puissance.

Jusque-là Thérèse n'avait paru s'en servir que pour l'avantage du Portugal et de son jeune fils; mais à la fin, emportée par une passion désordonnée, elle appela auprès d'elle deux frères, Galiciens de naissance, et, par cela seul, odieux aux Portugais, Bermude et Ferdinand Perez de Translamare. Bermude de favori de la reine devint son gendre; Ferdinand prit la place de son frère et sous le titre de gouverneur de Coïmbre, domina sur le Portugal et sur la reine elle-même. Pour justifier Thérèse sur cette union scandaleuse, on prétendit qu'elle avait épousé en secret Ferdinand, et l'on trouva en effet une charte de l'an 1123, où Ferdinand est désigné comme mari de la reine; mais soixante documents contraires le représentent comme simple gouverneur de Coïmbre; et il est à présumer que l'inimitié de Thérèse contre l'archevêque de Braga, Pélage, qu'elle tint longtemps emprisonné, et qu'elle ne relâcha que sur la menace du pape Calixte II de l'excommunier et de mettre son royaume en interdit, ne provenait que du refus absolu que fit le prélat de consacrer une union que les Portugais réprouvaient et qui ne pouvait que devenir nuisible aux intérêts du jeune Alphonse-Henriquez.

Celui-ci venait d'atteindre sa quatorziéme année (1124), et autant par ses qualités corporelles que par son intelligence, son affabilité, son courage naissant, il annonçait un digne héritier du belliqueux Henri de Bourgogne. Le jour de la Pentecôte, suivant la coutume des rois Espagnols, il se couvrit lui-même de l'armure de chevalier devant l'autel de St.-Sauveur à Zamora, comme pour prouver qu'il ne tenait que de Dieu son épée; et durant son long règne d'un demi-siècle, il ne démentit pas les espérances qu'il avait données par cet acte. La reine et le comte Ferdinand, effrayés par cette disposition d'esprit d'Alphonse, ne s'appliquèrent que mieux à le tenir éloigné des affaires. On assure même que Thérèse cherchait à exclure son fils de sa succession pour la faire passer au comte Ferdinand. L'infant, âgé pour lors de dix-huit ans, ne voulant plus, dit la chronique, supporter cette criante injustice, *quam injuriam valdé inhonestam nullatenus ferre volens*, convoqua ses amis et ses partisans, auxquels se joignirent tous ceux que l'inconduite de Thérèse et sa préférence pour les étrangers avaient indisposés contre elle; et comme la reine de son côté réunit des troupes, il fallut que l'infant se décidât à soutenir ses droits par la force, Il avait réuni sa petite armée à Guimaraens; sa mère alla l'y attaquer. Après un combat opiniâtre, la victoire se décida pour le fils (1128); la mère alla s'enfermer dans un château fort, et les deux frères, craignant d'être pris et de payer de leur tête leur faveur passée, s'enfuirent en Galice.

La reine, depuis la journée de Guimaraens ne jouit plus ni de crédit ni d'influence. Son fils ne la poursuivit pas, mais il ne lui confia aucun pouvoir; elle mourut dans l'obscurité. Alphonse avait triomphé par le secours de l'archevêque de Braga, qui n'avait pas moins d'influence en Portugal que celui de Sant-Yago dans la Galice, et qui n'était pas moins ambitieux que ce dernier. Il arracha au jeune roi des concessions immenses pour prix de son assistance, et de son intervention. Non-seulement Alphonse affranchissait tous les biens de l'Eglise de Braga, et fournissait des sommes considérables pour les constructions et améliorations nécessaires, mais encore il déclarait renoncer à toute puissance temporelle sur Braga et ses dépendances, et céder en outre à l'archevêque tout ce qui, dans sa propre cour, pouvait appartenir à la juridiction spirituelle. Ces concessions furent dans la suite une source féconde de troubles.

Cependant le jeune prince ne prenait encore que le titre d'infant, mais il n'en était pas plus disposé à reconnaître la suzeraineté du roi de Castille; il prétendit même recouvrer les places de la Galice que les armes portugaises avaient conquises auparavant, et comme Alphonse de

Castille refusa de s'en dessaisir, la guerre éclata de nouveau entre les deux états. Un premier succès d'Alphonse ne se soutint pas; le roi de Castille s'empara d'un fort que le premier avait construit. Cette guerre se termina au bout de peu de temps par une trève nécessaire aux deux cousins. Les musulmans faisaient de fréquentes irruptions sur les frontières de la Castille et celles du Portugal; le roi de Castille de même que l'infant de Portugal eurent assez de raison pour sacrifier à l'intérêt commun leurs ressentiments particuliers, et chacun d'eux courut à la défense de ses frontières. L'infant, voulant opposer aux musulmans une barrière qu'ils ne pussent franchir, construisit une forteresse nouvelle sur un emplacement choisi par lui-même : le rocher de Leiria, où commence une chaîne de montagnes qui court du sud au nord sur la route de Lisbonne à Coïmbre. Ce rocher presque inaccessible reçut encore des fortifications qui le rendirent inexpugnable. Il y mit ensuite une forte garnison; et, depuis ce moment les musulmans cessèrent de diriger sur ce point leurs attaques. Après s'être ainsi mis à l'abri de l'invasion du côté du midi, l'infant reporta vers le nord toute son attention.

Alphonse-Raymondez venait de se faire proclamer *Empereur de l'Espagne*, et ce titre ambitieux annonçait assez l'intention de réclamer la suzeraineté de tous les états que l'Espagne renfermait. L'infant, qui n'avait nullement celle

de se soumettre à cette suprématie, mais, qui
ne se sentait pas assez fort pour lutter seul contre
le nouvel empereur, fit un traité d'alliance offensive et défensive avec le roi de Navarre Garcie, de sorte que la guerre éclata pour la troisième fois sur les bords du Minho; mais en
même temps elle se fit sur l'Ebre, et pendant
que Garcie menaçait la Castille, l'infant envahissait la Galice, et s'emparait de Tui et d'autres places. Les seigneurs galiciens réunirent
leurs forces pour s'opposer à ses progrès. Les
deux armées se rencontrèrent près de Cernesa,
et on se battit de part et d'autre avec acharne-
ment; mais à la fin, les Portugais mirent les
Galiciens en fuite. L'infant ne put profiter de sa
victoire; la nouvelle que les Maures avaient
emporté d'assaut le fort d'Erena, ce qui laissait
Santarem et Lisbonne exposés, le força de
courir à la défense de cette partie de ses états.
Mais déjà, lorsqu'il arriva, les ennemis s'étaient
retirés; l'infant reprit le chemin de la Galice.
Il fut blessé presqu'en arrivant, ce qui le força
de ralentir ses opérations.

L'empereur avait triomphé du roi de Navarre; il voulut abattre l'infant de Portugal: il
leva une armée nombreuse, entra dans le pays
ennemi et s'empara de plusieurs châteaux.
L'infant se sentant plus faible que son adver-
saire, mais non découragé, eut soin d'éviter
toute affaire générale, se bornant à harceler
celui qu'il désespérait de vaincre à force ou-

verte. Cette méthode lui réussit et il battit complétement des divisions isolées. L'empereur sentit de son côté combien cette tactique pouvait lui devenir fâcheuse. Des propositions de paix furent faites et accueillies. On conclut provisoirement une trève de plusieurs années; les deux cousins entrèrent dans la même tente et burent dans la même coupe en signe de réconciliation. De part et d'autre on se restitua tout ce qui avait été pris, et les prisonniers de guerre furent échangés.

Rien dans le traité qui termina cette guerre n'indique qu'il ait été question de la suzeraineté de la Castille; les événements postérieurs prouvent que s'il en fut parlé dans l'entrevue des princes, ce fut sans que l'infant s'engageât à rien; car si jusque-là (1136) il avait pris constamment le titre d'infant, à compter de cette époque, il s'intitula *Prince de Portugal.* Ce fut alors aussi qu'il songea sérieusement à faire des conquêtes sur les musulmans, comptant bien que s'il réussissait à s'emparer de quelque contrée nouvelle dans le midi, il assurerait d'autant mieux son indépendance qu'il ne devrait sa conquête qu'à son épée. Après avoir pris toutes les précautions que la prudence pouvait lui indiquer pour assurer ses derrières, le prince Alphonse entra suivi d'une armée plus aguerrie que nombreuse dans le territoire des musulmans, et il envahit l'Alentejo; tous les walis voisins accoururent avec leurs troupes au secours du wali Ismard ; Séville, Badajoz, Evora, Beja, Elvas en fournirent. La haine des musulmans était même si vive qu'un grand nombre de femmes prirent les armes sous des habits d'hommes.

Les walis, disent les chroniques, avaient une armée innombrable , que des écrivains portugais font monter jusqu'à trois et quatre cent mille hommes , tandis qu'ils n'en donnent que treize mille à Alphonse. Il est évident qu'il y a exagération des deux côtés ; mais on ne peut guère douter, quand on considère que la population agglomérée dans l'Andalousie musulmane s'augmentait encore tous les ans par les émigrations africaines ; qu'on sait qu'au contraire le Portugal, soumis depuis peu aux chrétiens, n'avait qu'une population naissante, et que, d'ailleurs, il venait de s'épuiser par sa lutte contre la Castille, on ne peut douter que l'armée sarrasine ne fût incomparablement plus nombreuse que l'armée portugaise. Celle-ci n'avait que l'avantage de la discipline. L'action s'engagea près d'Ourique ; elle fut vive et meurtrière ; les chevaliers portugais s'y distinguèrent par leur irrésistible bravoure ; les musulmans, complétement défaits, laissèrent couvert de morts le champ de bataille. Les Portugais firent beaucoup de prisonniers.

Ce fut sur ce même champ de bataille, immédiatement après la victoire, que, selon une tradition très ancienne et fort répandue , le prince Alphonse, qui avait contribue par sa valeur personnelle au succès de la journée, fut proclamé par ses troupes roi de Portugal, et, depuis sa victoire (1138), il a pris constamment ce haut titre dans tous ses actes. Certaines chroniques du temps disent qu'il le prenait déjà auparavant, quoique rarement. « *Antes da batalla se nomeava ja rey posto que raramente ; depois della se intitula rey em todas as escrituras.* »

CHAPITRE II.

RÈGNE D'ALPHONSE-HENRIQUEZ OU ALPHONSE Ier
ET DE SANCHE Ier SON FILS.

De 1138 à 1211.

Alphonse-Henriquez sentit de bonne heure que pour jouir tranquillement de son nouveau titre il ne suffisait pas de l'avoir pris ou de l'avoir reçu de l'armée. Il prévoyait, d'une part, l'opposition de la Castille, et, d'autre part, il était trop judicieux pour ne vouloir tenir son droit que de l'armée ; car, si l'armée pouvait porter un individu sur le trône, elle pouvait aussi l'en faire descendre. Il s'adressa au Saint-Siége, qui dominait sur l'opinion, et qui pouvait plus alors par la puissance de la parole que les souverains par la force des armes. Pendant qu'il négociait à Rome, où probablement l'empereur faisait agir en sens contraire, les musulmans attaquèrent et détruisirent la forteresse de Leiria (1140), qui fut immédiatement reconstruite. Aussitôt après que l'ennemi eût été

repoussé , Alphonse voyant que sa reconnaissance , de la part du pape, n'arrivait pas, quoiqu'il eût déjà reçu des avis favorables , se
tourna du côté de la nation portugaisé elle-
même dont il convoqua l'élite à Lamégo (1143),
sous le nom de cortès. Là, il se fit conférer la
dignité royale, fixa les conditions de successibilité au trône, éleva la noblesse par des priviléges , limita par des lois son ambition, et posa
par les mains des députés, les bases d'une administration ferme , telle qu'il la fallait à une
autorité nouvelle pour la rendre stable.

Les cortès se composaient du haut clergé, de
l'archevêque de Braga, et des évêques de Viseu,
Porto, Coïmbre et Lamégo ; des seigneurs de
la cour et du royaume , et des députés de la
bourgeoisie des villes ; il y avait encore beaucoup de moines et de clercs. Dès l'ouverture de
la séance, le roi étant sur son trône , un des
membres se leva, et dit : le roi Alphonse que
vous avez nommé roi sur le champ de bataille
vous a réunis ici, afin qu'après avoir pris connaissance de la lettre du Saint-Père, vous décla-
riez si vous voulez qu'il soit votre roi. Tous les
assistants ayant répondu affirmativement , de
même que sur la question de savoir si, après
lui, ses descendants seraient rois, l'archevêque
se leva, et, prenant des mains de l'abbé de
Lorvao une couronne d'or qui, suivant une
vieille tradition, venait des rois Goths, il la posa
sur la tête d'Alphonse. Le nouveau souverain

tenant alors son épée nue à la main , prononça ces paroles : « Béni soit le Seigneur qui m'a donné la force de vous délivrer avec cette épée : vous avez fait roi votre compagnon d'armes : faisons maintenant des lois pour administrer le pays en paix. » Après ces mots , tous les assistants prêtèrent serment de fidélité au roi et à ses descendants.

L'assemblée s'occupa ensuite de statuer sur les points que le roi désigna : la successibilité au trône , les droits de la noblesse , les lois pénales. Il fut décidé sur le premier point que si le roi mourait sans enfants mâles , son frère lui succéderait ; que s'il ne laissait que des filles ou une fille , celle-ci serait reine , mais qu'elle ne pourrait épouser qu'un noble portugais , jamais un étranger ; ce qui a bien changé depuis les cortès de Lamégo. Ce point essentiel réglé , on établit quelques principes fondamentaux sur la manière d'acquérir et de perdre la noblesse , et l'on établit quelques dispositions pénales. A la fin de la séance , le procureur du roi demanda aux cortès si le roi devait aller à Léon et payer un tribut ; à quoi l'on répondit que quiconque proposerait de le faire serait puni de mort , et que le roi lui-même serait déchu de la couronne. Le roi ayant approuvé cette décision , elle fut de nouveau répétée par les membres de l'assemblée , et le roi reprit : *que cela soit ainsi.*

Après la dissolution des cortès , les négociations entamées avec Rome se terminèrent. Le roi s'obligea de payer une redevance annuelle de quatre onces d'or en faveur du pape Luce II ; mais, celui-ci n'ayant rien décidé, le pape Alexandre III stipula une autre redevance de deuxlivres d'or, et le roi donna de plus, comme pour droit d'entrée en possession, une somme de mille écus d'or. En revanche, le pape déclara reconnaître Alphonse en qualité de roi, qualité transmissible à ses descendants, excommuniant tous ceux qui la lui contesteraient. Il paraît pourtant que le tribut ou cens de deux livres et quatre onces d'or ne fut jamais payé, car les papes en réclamèrent les arrérages sous le règne du successeur d'Alphonse.

La conquête de Santarem signala l'ouverture de la campagne ; Alphonse n'eut pas plutôt terminé avec la cour de Rome, qu'il reprit les hostilités contre les Sarrasins. Cette ville importante, ainsi nommée, parce que sainte Irène y subit le martyre, est l'ancienne *Scalabris*, l'une des trois grandes villes de la Lusitanie ; c'était même la plus peuplée. Elle avait été prise et reprise plusieurs fois depuis le commencement du XIIe siècle ; mais les Maures y avaient fait depuis peu tant d'ouvrages de fortification qu'ils la regardaient comme le boulevard de leur pays. Le roi ne voulut pas la soumettre aux chances d'un siége ; il l'emporta d'un coup de main. L'entreprise dirigée par lui-même, malgré le danger, réussit au gré de ses vœux.

Si la prise de Santarem consterna les Maures, elle exalta le courage des Portugais ; Alphonse en profita pour les conduire sous les murs de Lisbonne, qui, depuis qu'elle était retombée au pouvoir des musulmans, avait acquis un haut degré de prospérité ; mais il est douteux que, malgré le courage de ses soldats, il eût réussi à s'en rendre maître, si le ciel ne lui avait envoyé un secours sur lequel il ne comptait pas. Une flotte d'Anglais, de Flamands et d'Allemands était sortie de la mer du nord pour se rendre en Palestine ; elle avait été battue par la tempête et s'était dispersée. Cinquante bâtiments qui en faisaient partie furent jetés sur les côtes de la Galice. Quand le calme fut revenu, et que ces bâtiments eurent réparé leurs avaries, ils se remirent en route, et entrèrent dans le Duero pour y faire quelques provisions. Ils furent reçus à Porto avec la plus grande cordialité, conformément aux ordres du roi, de sorte qu'ils y attendirent l'arrivée de la flotte. L'évêque de Porto leur proposa, dit-on, de prendre part au siége de Lisbonne ; quelques écrivains prétendent que ce fut le roi lui-même qui leur en fit la proposition lorsqu'ils furent entrés dans le Tage. Quoiqu'il en soit, les croisés acceptèrent, n'était-ce pas en effet contre les musulmans qu'on leur offrait l'occasion de combattre ? La possession de Lisbonne, par un prince chrétien, pouvait être d'ailleurs avantageuse pour l'avenir, puisque les flottes des croisés pourraient y trouver un refuge assuré contre le mauvais temps et les chances fâcheuses de la guerre et de la navigation.

Le siége de Lisbonne dura cinq mois entiers; il coûta bien du monde aux assiégeants, mais les assiégés n'en perdirent pas moins. La ville se rendit par capitulation. Les musulmans n'obtinrent que la liberté de sortir de la ville, mais il perdirent tous leurs biens. Les croisés passèrent l'hiver à Lisbonne; ils n'en partirent qu'au mois de février suivant (1149). Après la chute de cette ville, Cintra, Palmella et d'autres places voisines ne pouvaient guère espérer qu'elles se défendraient avec avantage; elles ouvrirent leurs portes après les premières sommations. Alphonse vainqueur s'occupa dans Lisbonne d'organiser l'administration du pays. Il créa à Lisbonne un évêché qu'il soumit à l'archevêché de Braga; ne trouvant pas de clerc portugais assez instruit pour remplir les fonctions de l'épiscopat dans un lieu tout peuplé d'infidèles, il revêtit de cette dignité un Anglais nommé Gilbert renommé pour ses vertus et pour son mérite. Parmi les Maures, habitants de Lisbonne, quelques-uns reçurent le baptême; mais le plus grand nombre persévérèrent dans leur croyance. Le roi, qui désirait les attacher à son gouvernement, leur donna une espèce de constitution, et les autorisa à élire un juge de leur nation. Il les assujetit en outre à divers impôts qui, au fond, n'étaient pas très-onéreux, mais il leur imposa une sorte de corvée ; c'était de cultiver les vignes et les oliviers de la couronne.

Beaucoup plus tard le roi organisa par une charte les droits des chrétiens de Lisbonne Coimbre et Santarem ; il encouragea la marine, tant celle de l'Etat que la marine marchande ; le commerce et l'industrie furent spécialement protégés ; aussi beaucoup d'étrangers demandèrent à s'établir à Lisbonne ; un grand nombre des croisés qui avaient aidé à la conquête firent de même. La superbe position de cette ville à l'embouchure du Tage, la fertilité de ses campagnes, la sûreté et la commodité de son port, devaient lui valoir l'avantage de devenir capitale du royaume et entrepôt du commerce de l'Orient et de l'Occident. Les prévisions d'Alphonse à cet égard ne furent point trompées, et il ne s'attacha qu'à hâter ce moment.

La possession de Lisbonne favorisait singulièrement les vues de conquête d'Alphonse. En 1158, il s'empara d'Alcaçar do sal au sud-ouest du Tage à mi-chemin de Lisbonne à Evora, capitale de l'Alentejo ; en 1162, il s'empara de Béja, au sud d'Evora, qui se trouva ainsi enfermée de trois côtés entre les possessions portugaises. Cette ville est bâtie sur le sommet d'une haute éminence isolée au milieu d'une plaine unie, ce qui rend sa position d'autant plus forte, qu'elle est à l'abri de toute surprise. Ce fut pourtant par surprise qu'on s'en empara. Il y avait un chevalier portugais qui, coupable de quelque meurtre, s'était sauvé dans l'Alentejo. Là, il réunit autour de lui tous les réfugiés portugais qui se trouvaient en assez grand nombre, et il vécut avec eux de rapine et de brigandage, ne distinguant pas entre chrétiens ou Maures. Cependant la crainte de tomber entre les mains de la justice et de terminer sa vie sur l'échafaud, fit naître en lui de salutaires réflexions, et il résolut de forcer, pour ainsi dire, Alphonse à lui accorder sa grâce pour prix de quelque action d'éclat; il entreprit de se rendre maître d'Evora, et il y réussit par un stratagême où il ne déploya pas moins d'intelligence que de courage. Il expédia aussitôt un courrier au roi pour le prier de prendre possession de cette ville importante. Le roi, après avoir fait grâce tant à lui qu'à ses intrépides compagnons. ne crut pas que la garde et la défense de la ville pût être confiée à des mains plus sûres, et le chevalier Girald fut nommé alcayde ou gouverneur. Les Maures, qui voulurent continuer d'y habiter, reçurent les mêmes constitutions que ceux de Lisbonne.

Alphonse rétablit l'ancien évêché d'Evora. Ce fut le portugais Sueiro que le roi éleva sur le siége de cette ville. l'Eglise et le chapitre reçurent aussi de lui des revenus annuels. Les villes de Moura, Elvas, Serpe et Alconchel se soumirent au roi très-peu de temps après la prise d'Evora. Les portugais passèrent même la Guadiana, ancienne limite de la Lusitanie et de la Bétique, et ils firent quelques conquêtes dans l'Andalousie; mais le roi ne tarda pas à rentrer dans ses états pour s'attacher à fortifier tous les points par où les Maures pourraient à l'avenir traverser le fleuve; car il sentait qu'il n'aurait jamais la paix intérieure tant que ses frontières resteraient exposées à l'invasion. Ce fut pour assurer ces frontières et les faire respecter par les Maures que tous les ans il conduisait contre eux une armée; il est à présumer que jusqu'au moment où le Portugal aurait posé ses limites d'une manière positive et fixée, il serait resté lui-même exposé aux attaques des Maures, s'il avait négligé une seule fois de les attaquer sur leur territoire.

Le roi d'ailleurs était chevalier, membre de l'ordre des templiers, et par cela même il était tenu de combattre les ennemis de la religion. Les Templiers rendirent de grands services aux Portugais; aussi créa-t-il de nouveaux ordres de chevalerie, bien convaincu qu'ils seraient utiles à la cause du christianisme, laquelle se trouvait liée à celle du royaume. La comte Henri avait donné diverses propriétés aux templiers, et cette donation fut confirmée par la reine Thérèse en 1128; elle ajouta même aux terres qui en faisaient l'objet un territoire inculte situé entre Leyria et Coïmbre; mais il fallait le prendre aux Maures qui le possédaient encore. Les templiers y fondèrent les châteaux d'Ega, Redynha et Pombal, ils y construisirent des églises, et mirent les terres en culture.

Alphonse en s'emparant du trône donna aux templiers des preuves non équivoques de son désir de les protéger, et dès la seconde année de son règne il se fit recevoir chevalier de l'ordre. Alphonse leur avait promis l'église de Santarem, et lorsqu'il eut pris cette ville, il voulut tenir sa promesse; mais comme Santarem dépendait du diocèse de Lisbonne, l'évêque de cette dernière ville s'opposa de toutes ses forces à la cession de l'église. Le roi, qui ne voulait désobliger ni l'évêque ni l'ordre, renvoya là décision de l'affaire au souverain pontife qui autorisa le roi à donner aux templiers autre chose. Alphonse les mit en possession de la terre de Cera, aujourd'hui Thomar. Les templiers y construisirent un monastère, résidence de l'ordre, et un château-fort. Le monastère a subsisté jusqu'à l'anéantissement de l'ordre; le château n'a pas laissé de vestiges. Ces constructions eurent lieu en 1160. Le village de Thomar s'éleva dans le même temps.

Le roi ne borna pas là ses libéralités. De nouvelles donations enrichirent les templiers qui construisirent des maisons dans toutes les villes qu'Alphonse avait arrachées aux musulmans. Tous ces dons furent confirmés collectivement dans une bulle du pape Urbain III de 1186. Ce qui est certain, c'est que le patronage des templiers fit au royaume le plus grand bien; que là où la guerre avait détruit, brûlé ou renversé des villes, des forteresses se relevèrent; que les débris des édifices servirent aux reconstructions; que la population errante ou dispersée se réunit et s'accrut considérablement. Au surplus, Alphonse ne se dépouillait pas en faveur des templiers de ses droits de souveraineté, et il imposait toujours aux nouveaux possesseurs les obligations d'un vassal. Il existe pourtant une charte de l'an 1157, qui accorda aux templiers d'immenses priviléges ; mais il y a tout lieu de croire que le roi ne l'octroya que sur les intances du grand maître et les pressantes recommandations du pape.

L'ordre des templiers avait, outre ses chevaliers, des frères, des confrères, et même des sœurs. Si le confrère mourait sans enfants, ses biens appartenaient à l'ordre. S'il y avait des enfants, l'ordre ne prenait qu'une part dans la succession. Personne n'entrait dans l'ordre les mains vides; c'est là sans doute ce qui a commencé à soulever contre eux l'opinion. Ces richesses, cette opulence qu'ils acquirent par des moyens qui tous n'étaient pas légitimes, produisirent à la longue leur effet ordinaire. Les chevaliers se sentirent puissants, et quand ils eurent ainsi le pouvoir et l'autorité, ils voulurent y ajouter l'indépendance.

Les chevaliers de Saint-Jean s'introduisirent en Portugal peu de temps après les templiers. Alphonse les accueillit, leur donna des terres, entre autres celle de Léça près de Porto, et les fit jouir de tous les priviléges accordés aux templiers, aux mêmes charges et conditions. Dès l'an 1130, il est fait mention dans les actes de ces chevaliers.

Vers le milieu du XIIe siècle, (les historiens ne s'accordent pas sur l'époque), plusieurs chevaliers s'associèrent pour faire la guerre aux Maures. Ils se soumirent à des statuts que le roi approuva ; il favorisa même le succès de leur entreprise, en leur assignant des revenus. Après la prise d'Evora, ils s'établirent dans cette ville sous le nom de chevaliers d'Evora ; peu de temps après, ils s'affilièrent à l'ordre de Calatrava. L'ordre ayant été transféré plus tard d'Evora au village d'Avis, ce village leur fut donné sous la condition d'y construire un château et de rester fidèles au roi. Comme ces chevaliers avaient adopté la règle de saint Benoît, ils étaient soumis au général de l'ordre de Cîtaux. Toutes leurs obligations au surplus étaient semblables à celles des chevaliers des autres ordres, moines et soldats à la fois.

La chute de la ville d'Evora, fit jouir le Portugal de quelques années de repos. Le silence des chroniques jusqu'à l'an 1169 le fait présumer. Il paraît pourtant qu'avant de se porter cette année sur Badajoz qu'il força de lui ouvrir ses portes, le roi s'était emparé de quelques villes de la Galice, qu'il réclamait comme faisant partie de la dot de sa mère. Le roi de Léon ayant appris qu'Alphonse avait pris Badajoz, réunit à la hâte son armée et ses chevaliers, et marcha sur cette

ville, dont l'émir, dit-on, était son tributaire.
On peut croire que le véritable motif de ce
prince, c'était l'espérance qu'Alphonse, obligé
de diviser ses forces pour résister à deux ennemis, se trouverait assez affaibli pour qu'il pût
lui-même en triompher aisément.

Déjà l'avant-garde des Léonais avait engagé
le combat contre les Portugais qui, ne s'attendant pas à une attaque, furent un instant en
désordre. Alphonse courut au secours des siens;
mais, en sortant de Badajoz, il se blessa au
genou avec un des verroux de la porte. Il continua d'avancer, et il arriva au milieu de la mêlée. Là, son cheval s'étant abattu, le roi tomba
et se fracassa le pied; ce qui l'empêcha de se
relever et de se défendre, de sorte qu'il fut fait
prisonnier, et conduit au camp du roi de Léon,
Ferdinand. Celui-ci, beau-fils d'Alphonse, le
traita avec beaucoup d'égards, et au lieu de lui
imposer des conditions onéreuses, comme on
pouvait le craindre, Ferdinand se contenta de
lui demander la restitution des villes qu'il lui
avait prises, et une entière renonciation à de
prétendus droits sur la Galice. Alphonse s'y
engagea, et il ramena son armée en Portugal;
mais il ne se consola jamais du malheur qu'il
avait éprouvé. Il s'inquiétait surtout de ne pouvoir plus monter son cheval de bataille, et d'ê-
tre obligé de confier à d'autres le soin de combattre les Maures. Il ordonna en effet deux expéditions contre ces derniers, et toutes deux

réussirent. Les Almohades, qui avaient renversé en Afrique et en Espagne le pouvoir des Almoravides, irrités du double échec que les Portugais avaient fait subir à leurs armes, envahirent l'Alentejo, et allèrent menacer Santarem.

Alphonse, bien que d'un âge avancé, conservait toute l'activité, toute l'ardeur de ses jeunes ans ; il vola au secours de Santarem, et il arriva d'assez bonne heure pour mettre la ville en état de défense. Ensuite il sortit de la place pour livrer bataille à l'ennemi qui se disposait à commencer le siège. Il avait pour cela un double motif ; ne pas laisser à la population maure de Santarem le temps de pratiquer des intelligences avec ses coreligionnaires, et revenir promptement vers le nord, où l'approche du roi de Léon avec une armée rendrait probablement sa présence bientôt nécessaire. Les musulmans étaient de beaucoup supérieurs en nombre aux Portugais ; mais Alphonse qui, à la bravoure joignait une piété solide, recommanda sa cause à la Providence, et il passa dans la prière toute la nuit qui précéda la bataille. Elle fut longue, opiniâtre, sanglante ; les Maures se crurent même certains de la victoire, lorsque l'étendard royal d'Alphonse fut tombé en leurs mains. Alphonse, à leur ardeur croissante vit le danger, et par son courage il le conjura ; il descendit de cheval, se mêla aux combattants, entraîna par son exemple les chevaliers portugais. L'étendard

fut repris, et les ennemis épouvantés abandonnèrent en fuyant le champ de bataille. Les
Portugais firent un riche butin dans le camp
maure ; Alphonse l'abandonna tout entier à ses
soldats.

Le roi de Léon , informé de cette victoire (il
s'était avancé jusqu'à trois journées de Santarem), envoya des députés à son beau-père pour
le féliciter, et lui dire qu'il n'avait pris les armes que pour *venir à son secours*. Alphonse eut
l'air de croire à ces paroles, et il chargea les
députés d'offrir à leur roi, de sa part, quelques
objets d'un grand prix, faisant partie du butin pris à Santarem. Après la victoire, Alphonse
publia que durant le combat il avait vu dans les
airs un bras ailé qui combattait pour sa cause ;
et comme il pensa que ce bras était celui de
l'archange saint Michel, il institua, sous le nom
de saint Michel, un nouvel ordre de chevalerie ;
mais cet ordre, auquel il n'assigna ni biens
ni revenus , et dont les distinctions étaient
purement honorifiques, ne subsista pas.

La bataille de Santarem fut la dernière où
Alphonse parut l'épée à la main. Chargé d'années et destitué de vigueur, il n'avait plus que
la voix pour animer ses soldats ou pour diriger
son fils Sanche, qui, déjà héritier de sa bravoure, devait l'être dans peu de son trône. Alphonse lui confia désormais le commandement
des troupes dans les diverses expéditions qu'il
dirigea contre les musulmans. Dans une de ses

incursions, Sanche arriva jusqu'à Séville, s'empara des faubourgs de cette ville, battit complétement les troupes qui vinrent au secours des assiégés, et rentra dans le Portugal avec tout le butin qu'il avait fait.

Les Almohades, voulant venger l'échec de Santarem, revinrent en grand nombre mettre le siége devant Abrantès, sur la rive droite du Tage. L'infant Sanche les contraignit à se retirer. L'émir Almumenim de Maroc et d'Andalousie, irrité de tant de pertes, leva une grande armée, et en même temps équipa une flotte pour attaquer le Portugal par terre et par mer. Quand cette flotte parut devant Lisbonne, les Portugais armèrent à la hâte tous leurs vaisseaux, et Alphonse ne désespéra pas de sa fortune. Un combat naval eut lieu près du cap Espichel, un peu au dessous de l'embouchure du Tage (1180) ; et, le courage suppléant au défaut d'expérience, les Portugais arrachèrent la victoire à leurs ennemis, leur prirent plusieurs vaisseaux, et rentrèrent triomphants dans Lisbonne. Enhardis par le succès, les Portugais allèrent l'année suivante attaquer Ceuta ; ils forcèrent l'entrée du port, et y trouvant plusieurs bâtiments maures richement chargés, ils les emmenèrent ; en 1182, ils tentèrent encore une nouvelle expédition contre Ceuta, mais ils furent repoussés avec perte.

Cependant la guerre continuait toujours dans la Péninsule ; et les Portugais, constamment victorieux, enlevèrent aux Maures tout ce qui forme aujourd'hui l'Estrémadure portugaise, et firent plusieurs incursions dans l'Algarve et dans l'Andalousie. L'émir de Maroc fit publier dans tous ses états la *guerre sainte;* c'est-à-dire, la guerre contre les chrétiens. Tout musulman valide est tenu de répondre à cet appel, de sorte qu'en peu de temps une armée innombrable se rassembla autour de Séville, lieu indiqué pour la réunion générale. L'émir Aben-Jussef passa le détroit en personne, pour se mettre à la tête des troupes qui, poussées par le fanatisme et l'espoir du pillage, ivres de vengeance pour les défaites passées et confiant en leur nombre, se répandirent dans le Portugal comme un torrent dévastateur (1184).

L'infant accourut avec l'élite de ses guerriers, Santarem reçut quelques fortifications nouvelles, et les travaux étaient à peine terminés que les musulmans se montrèrent. Le lendemain ils livrèrent un assaut général à la forteresse; ils furent repoussés, et pendant cinq jours consécutifs cinq assauts meurtriers le furent de même; mais à la fin les Portugais auraient succombé, car ils ne pouvaient réparer leurs pertes, et les Maures étaient si nombreux qu'ils remplissaient continuellement de troupes nouvelles les vides que l'épée des chevaliers portugais laissait dans leurs rangs. Dans ce moment critique, on vit arriver le vieux Alphonse avec toutes les troupes qu'il avait pu réunir sur les bords du Minho et du Duero. Les

Maures n'entendirent pas sans terreur circuler dans toutes les bouches le nom d'Alphonse, nom fatal à l'islamisme par cent victoires : ils rentrèrent dans leur camp, et les Portugais sortirent de la ville. Le père et le fils ne tardèrent pas à se trouver réunis. Ils résolurent de livrer immédiatement la bataille, afin de profiter de l'exaltation des Portugais et du désordre qu'ils remarquaient chez les Maures. L'action s'engagea sur le champ. Attaqués jusque dans leur camp, les Maures se défendirent mal, et lorsqu'ils virent leur émir Aben-Jussef grièvement blessé par un Portugais, au lieu de chercher à le défendre, ils prirent honteusement la fuite, et l'émir entraîné n'eut pas peu de peine à se sauver. Autant eût valu pour lui tomber sur le champ de bataille ; car il mourut le lendemain de sa blessure, ou, suivant une autre version, le même jour en voulant traverser le Tage.

Cette mémorable victoire sauva le Portugal et peut-être la Péninsule entière. Elle mit le comble à la gloire d'Alphonse, l'un des plus grands rois qui aient jamais occupé le trône ; on peut même dire l'un des plus grands capitaines du moyen âge. Non-seulement il ne déposa jamais l'épée, mais encore il s'en servit toujours avec bonheur ; non-seulement il conserva tout entier l'héritage de son père, mais encore il l'augmenta de plus de moitié ; non-seulement il remporta un nombre infini de victoires, mais encore il exécuta toujours de grandès choses avec de petits moyens, il dissipa des masses d'ennemis avec des poignées de guer- riers, il suppléa le nombre par la valeur, les ressources par le génie, les moyens par l'acti- vité. Alphonse eut d'autant plus de mérite qu'il se trouva constamment placé entre les Maures et les Andalous ennemis acharnés, et les rois jaloux de Léon et de Castille, ennemis secrets et non moins dangereux. Alphonse mourut le 16 décembre 1185 à Coïmbre, sa résidence or- dinaire, et il fut inhumé dans le couvent de Sainte-Croix qu'il avait fondé. La mémoire de ce prince est encore chère aux Portugais.

Sanche était âgé de trente-sept ans lorsqu'il monta sur le trône. Il avait épousé une fille du comte de Barcelone Raymond-Béranger. Cette alliance avec un des plus puissants princes de l'Espagne chrétienne, ne pouvait que lui être très-avantageuse parce qu'elle lui assurait en quelque sorte la neutralité du Léon et de la Castille. Au fond, quoiqu'il eut donné des preuves non suspectes de vaillance, il ne man- quait ni de modération, ni de sagesse, et c'était justement d'un prince sage et modéré que le Portugal avait alors besoin pour affermir com- plétement son indépendance. Alphonse avait conquis le sol; il était réservé à Sanche de l'ex- ploiter; et dès que le pouvoir souverain résida dans ses mains, il comprit que le laurier sté- rile ne valait pas l'olivier productif, et qu'il y avait plus de gloire réelle à relever des villes ruinées ou à construire des villes nouvelles qu'à ravager et dévaster les villes et les campagnes. Il était décidé à ne prendre les armes que lorsque la sureté de l'état serait menacée, ou lorsqu'il pourrait avoir à son service des troupes étrangères, comme cela arriva peu de temps après son avénement.

La chute de Jérusalem (1187) avait jeté l'alarme dans toute l'Europe; et pendant longtemps il ne fut question que dé reconquérir la terre sacrée. Une flotte de cinquante cinq à soixante bâtiments partit des côtes du Danemarck et de la Hollande. Un coup de vent terrible la poussant sur les côtes du Portugal, elle entra dans le Tage et se réfugia au port de Lisbonne; Sanche se trouvait alors à Santarem. Il se rendit sur le champ à Lisbonne et donna tous les ordres nécessaires pour que ces étrangers y fussent bien accueillis et qu'ils pussent y trouver les vivres dont ils auraient besoin. Le mauvais temps continuant, et les vaisseaux n'osant s'avanturer à sortir du port, Sanche entama des négociations avec les croisés et leur proposa de l'aider à reconquérir sur les Maures quelques places dont ceux-ci s'étaient de nouveau emparés.

Les croisés acceptèrent les propositions du roi, et il fut convenu qu'on attaquerait d'abord Sylves qui servait d'arsenal et de place d'armes aux Maures; que si la ville était prise elle appartiendrait au roi, mais que tous les trésors qui s'y trouvaient renfermés appartiendraient aux croisés auxiliaires. Un premier détachement de troupes de terre soutenu par quelques vaisseaux se présenta inopinément devant Sylves. Les musulmans se retirèrent en désordre dans la forteresse. Des troupes nouvelles, de nouveaux vaisseaux vinrent renforcer les assiégeants. Le siége fut long et meurtrier. Les Chrétiens attaquaient avec vigueur, les musulmans se défendirent avec courage ; mais enfin les Chrétiens s'étant emparés d'un bastion dans lequel se trouvait la seule source qui alimentait d'eau la forteresse, les assiégés exténués par la faim et surtout par la soif furent contraints de se rendre à discrétion. Sanche touché de leur misère aurait voulu leur laisser la liberté de quitter Sylves en emportant leurs biens, mais sa parole était engagée aux croisés qui en réclamèrent l'exécution ; les habitants ne purent obtenir que la vie.

Le roi ayant pris possession de Sylves (1189) y créa un évêché. La plus grande partie de l'Algarbe se soumit après la chute de la capitale, et ce fut à dater de cette époque que Sanche s'intitula roi du Portugal et de l'Algarbe. Sanche ne jouit pas longtemps de sa conquête. Le fils de Jussef, Jacob Almanzor partit de Maroc avec une puissante armée, pour aller venger la mort des musulmans qui avaient péri à Santarem et à Sylves. Arrivé en Espagne il divisa son armée en trois corps, donna l'un au wali de

Séville qui entra dans l'Algarbe et fit le siége de Sylves, donna l'autre au wali de Cordoue qui marcha sur Evora, passa la Guadiana en personne avec le troisième et se porta sur Torres-Novas. Sanche avait évité une bataille rangée avec un ennemi qui avait sur lui l'immense supériorité du nombre. Il se contenta de le harceler, de l'obliger à faire des siéges, de mettre tous les points accessibles en bon état de défense et d'épuiser les forces de Jacob dans les combats partiels. Heureusement encore Jacob tomba malade et fut forcé d'abandonner son camp pour rentrer à Séville, ce qui amena la retraite des divers corps de son armée.

Sanche délivré de la présence des Maures vit avec douleur tous les dégâts qu'ils avaient commis. Tandis qu'il s'attachait à les réparer, des pluies prolongées, de violents orages, détruisirent les récoltes partout où les Maures n'avaient point pénétré; et comme si le ciel eût voulu consommer la perte du Portugal, des maladies pestilentielles vinrent frapper les habitants; une partie de la population périt. Les musulmans informés de l'état de détresse où le Portugal se trouvait jugèrent le moment favorable pour l'accabler. Ils envahirent l'Alentejo. Alcaçar fut emportée d'assaut; d'autres villes délaissées par leurs habitants furent réduites en cendres. Enfin la ville même de Sylves fut tellement pressée que ses défenseurs finirent par la livrer sous condition de conserver leur vie et leurs biens.

Le roi de Léon avait aussi choisi ce moment pour agir hostilement contre Sanche qui, occupé a le repousser, n'avait pu accourir au secours de ses provinces méridionales. Sylves et l'Algarve ne furent repris que sous le règne d'Alphonse III. Sanche conclut pourtant une treve de cinq ans avec le wali de Séville ; ce fut là tout ce qu'il put faire.

Le roi profita de ce temps de repos pour racheter de la captivité ceux de ses sujets que les musulmans avaient emmenés pour repeupler les lieux dévastés par la guerre et la peste, et pour remettre en culture les champs que l'invasion avait ravagés. Il s'occupa de tous ces soins avec tant de zéle et de succès que les Portugais reconnaissants lui decernèrent les glorieux titres de *Poblador* et de *Labrador*, (restaurateur de la population et laboureur). Les villes détruites furent rebâties, d'autres reçurent des embellissements ; le Portugal entier parut se relever triomphant de ses ruines. Beaucoup de communes eurent aussi des droits, des immunités, une charte ; les serfs, après un an de séjour dáns un lieu, restaient de droit affranchis ; les habitants des pays les plus exposés à l'invasion obtinrent de plus grands privilèges ; en un mot Sanche n'oublia rien de ce qui pouvait ramener la prospérité dans le Portugal.

Ces paisibles soins n'empêchaient pas le roi de veiller avec la plus grande sollicitude aux intérêts de l'armée et des divers ordres de chevalerie, plus que jamais nécessaires. Il favorisa de tout son pouvoir l'ordre de Saint-Jacques qui de la Castille se répandait depuis peu en Portugal; il lui donna plusieurs villages de l'Algarbe; il augmenta de même les possessions des chevaliers d'Evora ou d'Avis, de même que celles des templiers. A la vérité la plus grande partie des biens concédés étaient à conquérir sur les Maures ou du moins à reconquérir; c'était engager les chevaliers à redoubler d'efforts. Au reste, de même que son père, il avait soin de se réserver toujours dans les actes de donation le droit de souveraineté, et d'exiger le serment de fidélité des donataires.

De longues querelles avec l'évêque de Coïmbre soutenu par le pape, au sujet des limites non encore déterminées entre les deux pouvoirs spirituel et temporel, troublèrent les dernières années du règne de Sanche. Ces querelles étaient même devenues si vives, que le souverain pontife lança contre lui une bulle d'excommunication. Sanche mourut pourtant réconcilié avec l'Eglise. L'archevêque de Braga, qui fut toujours son ami, leva l'excommunication à charge de ratification par le pape. Innocent III approuva la conduite de l'archevêque; il accepta même la mission que le roi lui donnait dans son testament d'en faire exécuter les dispositions. Sanche mourut le 27 mars 1211.

CHAPITRE III.

=

RÈGNES D'ALPHONSE II, SANCHE II ET ALPHONSE III.

(De 1211 à 1277.)

Sanche avait légué, par son testament, à sa fille Thérèse, épouse séparée pour cause de parenté du roi de Léon, la possession de deux bourgades qui, après sa mort, devaient former l'apanage de l'infante Blanche. L'infante Sancha avait obtenu un legs du même genre ; et le prince royal Alphonse avait juré non-seulement devant son père, mais encore devant l'archevêque de Braga et deux autres prélats, qu'il se conformerait aux volontés du testateur ; mais celui-ci n'eut pas plus tôt fermé les yeux, qu'Alphonse chercha querelle à ses sœurs qui avaient pris possession l'une et l'autre de l'objet de leurs legs. Celles-ci invoquèrent l'intervention du souverain pontife. Innocent III, qui avait confirmé le testament et ordonné son exécution, donna commission à l'archevêque de Compostelle et à deux évêques de veiller au maintien des dispositions testamentaires du feu roi. Comme l'intervention du pape ne parut pas aux infantes un moyen assez prompt d'obtenir justice, elles eurent recours au roi de Léon, qui ne demanda pas mieux que d'envahir le Portugal sous un prétexte plausible. Alphonse tâcha pour lors de transiger, mais les infantes rejetèrent des propositions qui tendaient à les faire considérer comme de simples vassales de leur frère. Alphonse irrité prit le fort d'Aveyros qui appartenait à l'infante Sancha ; mais en même temps l'infant de Léon, Ferdinand entrait dans le Portugal, pillait et dévastait les villes ouvertes, prenait onze châteaux ou forteresses ; et ce succès, joint à ce que beaucoup de Portugais, blâmant le procédé d'Alphonse comme celui d'un mauvais frère, s'étaient jetés dans le parti des infantes, fit trembler Alphonse pour lui-même. De plus, les commissaires du pape lui ayant enjoint de lever le siége du château de Montémor, où les infantes s'étaient enfermées, et Alphonse n'obéissant pas, le royaume et lui-même furent mis en interdit jusqu'à ce qu'il eût déposé les armes.

Alphonse ne tint aucun compte de la sentence d'interdit ; et l'année suivante ayant réuni de nouvelles troupes, il finit par se rendre maître de Montémor. Il fit dire alors au pape qu'il était disposé à se réconcilier avec ses sœurs, mais il demanda que d'autres commissaires fussent nommés. Il n'y gagna rien; et après qu'il eut fait serment de se soumettre au décret du pape, les nouveaux commissaires le condamnèrent à payer aux infantes, à titre d'indemnité, cent cinquante mille écus d'or. Le roi appela au pape de la sentence qui nomma encore une fois d'autres commissaires. Ceux-ci prirent un terme moyen qui ne satisfit personne; ils ordonnèrent que les châteaux des infantes seraient gardés par les templiers; que le roi en aurait la souveraineté, que les infantes en percevraient les revenus et que les dommages seraient réparés autant que cela serait possible. Les dommages causés aux infantes étaient très considérables; Alphonse dut les payer, et de cette guerre qui, avec de la bonne foi dans Alphonse, n'aurait jamais existé, il ne résulta qu'une haine profonde entre les divers membres de la famille royale (1216). Innocent III mourut trois mois après avoir rendu sa sentence définitive.

L'année suivante, vers la fin de juillet, une flotte nombreuse de croisés, Allemands, Flamands et Frisons, entra dans le port de Lisbonne pour radouber ses vaisseaux fortement avariés par la tempête. L'expédition, destinée pour la Palestine, était sous les ordres de George de Wied et du comte de Hollande. Pendant qu'on travaillait à ces réparations, l'évêque de Lisbonne, accompagné de plusieurs grands personnages, se rendit auprès des deux chefs, pour tâcher de les engager à aider les Portugais à reprendre sur les Maures la ville d'Alcaçar do Sal. Les deux chefs, gagnés par les discours de l'évêque, et plus encore peut-être par la perspective d'un riche butin, accueillirent la proposition, mais les Frisons ne voulurent point prendre part à une expédition qui, disaient-ils, n'était pas celle pour laquelle ils avaient pris les armes. Ils quittèrent le port de Lisbonne, et continuèrent leur route. Les autres réunis aux troupes portugaises allèrent mettre le siége devant Alcacer.

La nouvelle du danger que courait cette place importante, agissant à la fois à Jaen, à Séville, à Badajoz, à Cordoue, etc., les musulmans coururent aux armes, et bientôt une armée considérable parut aux environs d'Alcaçar; suivant les calculs les plus modérés elle était de cinquante mille hommes dont dix mille à cheval. Les chrétiens, qui égalaient à peine la moitié de ce nombre, furent d'abord intimidés; mais encouragés par l'évêque de Lisbonne, qui n'avait pas moins de bravoure que d'éloquence, et renforcés par quelques chevaliers portugais, léonais, et des ordres les templiers et de saint Jean, se préparèrent courageusement au combat. Il s'engagea dans la matinée du 10 septembre. L'évêque, portant de la main droite un drapeau sur lequel la croix était dessinée, et se couvrant de son bouclier qu'il tenait de la gauche, s'avança le premier à la rencontre des Maures. Le grand-maître des templiers, Pierre Alvitis, le suivit de près. Les chevaliers se précipitèrent sur leurs pas, et dans peu d'instants la bataille devint générale. La victoire fut longtemps disputée, mais à la fin, elle se déclara pour les chrétiens. Quatorze mille Maures restèrent sur le champ de bataille; un plus grand nombre furent faits prisonniers, le butin fut immense, et la ville d'Alcacer, n'attendant plus de secours et pressée vigoureusement, ouvrit ses portes peu de temps après pour ne pas s'exposer aux suites d'un assaut.

L'évêque de Lisbonne et celui d'Evora, l'abbé d'Alcobaça et les grands-maîtres des divers ordres rendirent collectivement compte au souverain pontife du succès de l'entreprise, et ils le prièrent de consentir à ce que les croisés restassent encore une année en Portugal, afin de chasser entièrement du pays les infidèles. Ils demandèrent aussi que tous ceux qui durant cette année, combattraient les infidèles eussent part aux indulgence de l'Eglise comme s'ils étaient allés en Palestine. Le pape Honorius répondit que la conquête de la Palestine étant toujours l'objet principal de la croisade, il ne pouvait affranchir de leur vœu que ceux qui avaient détruit leurs vaisseaux au siége d'Alcacer pour en faire des machines de guerre. Sur cette réponse, les croisés passèrent l'hiver à Lisbonne, et se rembarquèrent au commencement du printemps (1218).

Alphonse n'avait pris personnellement aucune part à cette conquête, non plus qu'à la bataille fameuse de las Navas de Tolosa, gagnée sur les Almohades par le roi de Castille aidé par les rois d'Aragon et de Navarre. On dit pour justifier ce prince qu'à la première époque, il était en guerre avec ses sœurs, et qu'à la seconde, il était malade. Cette dernière excuse, joint à son embonpoint qui était devenu extraordinaire, doit paraître valable; il n'en est pas de même de la première. Devait-il verser le sang portugais par des mains portugaises pour une misérable querelle d'amour-propre, lorsque les Africains menaçaient l'Espagne chrétienne d'asservissement et de mort, et qu'une armée de quatre ou cinq cent mille combattants se rassemblait dans l'Andalousie pour l'exécution de ce projet d'extermination? Que voulait-il de ses sœurs : il le disait lui-même: une reconnaissance de son droit de souveraineté. et pour faire valoir ce droit sur deux ou trois minces forteresses, il laissait son royaume exposé à l'invasion. Ce prince au surplus était plus administrateur que guerrier.; il fonda et peupla beaucoup de bourgades, et régla l'organisation des communes qui déjà existaient; il publia aussi quelques lois dans l'intérêt de la liberté individuelle, de la propriété, de la jouissance des droits civils. Ces lois en petit nombre, mais remarquables par l'esprit d'amélioration qui les a dictées, se trouvent dans le code publié plus tard par Alphonse V. On peut ajouter qu'elles prouvent dans Alphonse le désir sincère de rendre ses sujets heureux; mais il ne le fut pas lui-même; et lorsqu'il cessa de faire la guerre à ses sœurs, il eut à la soutenir contre le clergé de son royaume.

L'archevêque de Braga, en sa qualité de chef de l'Eglise portugaise, se plaignit de ce que les droits de l'Eglise étaient lésés par le roi, qui en effet s'en était approprié quelques revenus, et souffrait, sans s'y opposer, les déprédations des seigneurs sous le titre de *patrons*. Le roi répondit aux plaintes de l'archevêque par de fortes exactions sur ses terres. L'archevêque prononça l'excommunication et l'interdit, et comme les satellites d'Alphonse menaçaient d'attenter à ses jours, il prit la fuite (1220). Une bulle du pape du mois de janvier de l'année suivante nommait des commissaires chargés d'exhorter le roi à s'amender; le souverain pontife conseillait en même temps à l'archevêque de lever l'excommunication. Le roi ne changea pas de conduite, et l'archevêque laissa subsister l'anathème. Le pape Honorius fulmina pour lors une bulle nouvelle, par laquelle il menaçait le roi d'étendre l'interdit à tout le royaume et de délier ses sujets du serment de fidélité; cette menace ne produisit aucun effet. Le pape écrivit de nouveau au roi, le conjurant instamment de donner satisfaction à l'archevêque. Alphonse se montra intraitable, et il mourut le 25

mars 1223 sous le poids de l'excommunication.

Sanche II monta sur le trône immédiatement
après la mort de son père; il n'avait alors que
vingt ans. Plus prudent qu'on ne l'est à cet âge,
il se hâta de conclure la paix avec l'archevêque
et le clergé, ne voulant pas commencer son
règne comme Alphonse avait terminé le sien.
Le traité qui fut rédigé à cette occasion, ouvrage
d'une assemblée de clercs et de laïques tenue à
Coimbre, contient divers articles parmi lesquels
on remarque celui-ci : le roi s'engage à ne plus
charger les couvents de l'entretien de ses domestiques, de ses chiens, de ses oiseaux et autres
animaux. On peut voir là un échantillon des
exactions que le roi ou ses agents faisaient
éprouver aux habitants des monastères. Il promit aussi de ne point s'immiscer dans les discussions entre les clercs et les moines soumis
à l'évêque, à moins qu'il ne s'agît de quelque
matière purement temporelle; d'où il résulte
nécessairement qu'auparavant le roi entendait
connaître de toutes discussions entre moines et
clercs, même pour des objets purement spiri-
tuels. Il semble, d'après les termes de ce traité,
que l'archevêque n'était pas aussi mal fondé à
se plaindre que le disent certains écrivains qui
font de la *philosophie*, c'est-à-dire, des discussions
interminables sur des hypothèses, au lieu d'é-
crire simplement l'histoire et de laisser aux
autres la philosophie.

Après ce premier traité qui concernait le corps du clergé, Sanche en fit un second avec l'archevêque pour le paiement de l'indemnité à laquelle ce dernier avait droit. L'archevêque de son côté promit de lever la sentence d'excommunication, de faire travailler à l'exhumation de tous ceux qui étaient morts pendant l'interdit et de procéder à une nouvelle inhumation suivant le rit catholique.

Cette affaire ne fut pas plus tôt terminée, que Sanche négocia avec ses tantes pour arranger définitivement les différends qui avaient tant fait couler de sang sous le règne d'Alphonse; et il fut convenu que les infantes resteraient en possession des places qui leur avaient été léguées par Sanche I⁰ʳ, et qu'après leur mort ces places feraient retour à la couronne. Sanche promit en outre à ses tantes une pension viagère, le maintien des priviléges qu'elles auraient accordés aux habitants et l'oubli absolu de ce que ceux-ci auraient fait pour leur service. Les infantes de leur côté promirent de mettre sur pied le nombre de soldats qui devaient former leur contingent, lorsqu'elles en seraient requises. Par cet arrangement, les haines de famille se calmèrent, comme l'inimitié qui divisait le roi et le clergé avait disparu par le premier traité.

Sanche profita de la paix intérieure qu'il s'était procurée pour parcourir son royaume, et accorder des *foraes*, c'est-à-dire, des constitutions municipales aux diverses communes qui en manquaient. Aussitôt après il tourna ses vues vers ses frontières du midi et de l'est, et la guerre contre les Sarrasins fut entreprise et suivie avec beaucoup de vigueur. Il s'empara d'a-bord de la ville d'Elvas, de Jurumenha et d'autres places de l'Algarve, ce qui lui valut l'approbation expresse du Saint Père qui défendit par un bref sous peine d'excommunication de le trou-bler en aucun temps dans ses entreprises contre les infidèles. Grégoire IX accorda même à ceux qui s'enrôleraient sous les drapeaux de Sanche les mêmes indulgences que celles dont jouissaient les croisés.

Après avoir pris Aljuster et Aronchez, Sanche conduisit son armée au siége de Mertola. Cette ville, que les Romains avaient élevée au rang de municipe, tant pour sa position avan-tageuse qu'à cause de son grand commerce, avait été fortifiée par les musulmans qui la re-gardaient comme très-importante; et elle l'était réellement. Sanche, qui le sentait et qui par conséquent voulait s'en assurer le domaine après l'avoir prise, la donna sous les conditions ordinaires aux chevaliers de St.-Jacques. Cha-que année une campagne nouvelle ajoutait quel-que place forte, quelque district aux conquêtes déjà faites. Cacella, Ayamonte, Tavira, furent obligés de se rendre, et Sanche les confia à la garde des mêmes chevaliers. En 1240, il ne res-tait plus aux Maures dans les Algarves que la forte place de Sylves.

En se soumettant à donner à l'archevêque de
Braga satisfaction pleine et entière, Sanche
avait cru pouvoir acheter son repos; mais un
autre ennemi n'avait pas tardé à se déclarer
contre lui. Dès l'an 1227 l'évêque de Porto,
Julien, se plaignit d'empiétements. Les papes
Honorius et Grégoire IX intervinrent et menacèrent. Après la mort de Julien, son successeur,
Pierre Salvador, partit pour Rome en 1233, pour
faire ses plaintes en personne. Le pape chargea
trois évêques d'informer. Grégoire écrivit même
directement au roi, ce qui amena entre le roi
et l'évêque une transaction (1241) qui fut ap-
prouvée et ratifiée par le souverain pontife.
L'année suivante, ce dernier publia la bulle dont
nous avons parlé plus haut. L'évêque de Porto,
quelque favorable que fût cette transaction, ne
fut que médiocrement satisfait, et il conserva au
fond du cœur toute son animosité. Elle ne trouva
que trop l'occasion d'éclater.

L'archevêque de Braga se plaignait de son côté;
c'est-à-dire qu'il faisait revivre tous les griefs
qu'il avait eus autrefois contre Alphonse. Au
fond, il paraît que les laïques se permettaient
beaucoup d'actes abusifs, et qu'ils s'abandonnaient à des actes répréhensibles de violence.
L'historien portugais, Cayetan de Amaral, en
convient; mais, suivant un autre historien de la
même nation, Brandâo, le clergé se montrait
beaucoup trop exigeant. Il voulait qu'on défen-
dît ses propriétés, et il ne voulait pas contribuer

aux frais qu'entraînait la défense. Il voulait être protégé par les lois de l'Etat, et il refusait de supporter les charges, condition obligée de cette protection. Le pape informé par l'archevêque autorisa ce dernier à mettre le roi en interdit s'il refusait de lui donner satisfaction, et le roi écrivit à l'archevêque à la fin de 1238 pour lui annoncer qu'il exécuterait à la lettre tout ce que le bref du pape ordonnait.

Sanche continua pour lors ses conquêtes sur les Maures, comptant n'avoir plus rien à craindre, excité surtout par le bref que Grégoire lui envoya spontanément (1242) ; mais tandis qu'il prenait Mertola, Serpe, Agamonte, Tavira, etc., une conjuration dangereuse s'ourdissait contre lui au cœur du royaume. Ce prince n'avait point d'enfants; s'il venait à mourir, à qui passerait la succession? C'était là le prétexte de réunions criminelles dont l'objet apparent était de déterminer le choix du successeur au trône, dont l'objet réel était d'en faire tomber Sanche. On connaissait trois prétendants, Alphonse et Ferdinand, frères du roi, et Pierre, frère d'Alphonse II. Le premier avait épousé Mathilde, héritière du comté de Boulogne, et résidait à Boulogne ou à Paris, à la cour de Louis IX, ou plutôt de Blanche de Castille, mère du roi, protectrice déclarée de l'infant. Le second, qu'on appelait communément le seigneur de Serpa, parce que cette ville formait son apanage, avait exercé contre les couvents et les clercs de telles violences qu'il avait été obligé d'aller a Rome faire amende honorable pour obtenir l'absolution du Saint Père. Il s'était rendu de Rome en Castille, où il avait servi contre les Sarrasins. Le troisième, que son caractère inquiet et remuant avait fait exiler par Alphonse II, s'était rendu à Léon, avait combattu pour ses sœurs contre son frère, s'était embarqué pour l'Afrique, avait servi l'émir de Maroc, était revenu en Espagne, avait porté les armes avec beaucoup de distinction pour le roi de Léon, avait passé ensuite en Aragon, était devenu l'époux de l'héritière du comte d'Urgel qui, en mourant, lui laissa ses biens, et échangé quelques-unes de ses possessions contre les Baléares qu'il céda bientôt après pour Ségorbe, d'où il se rendait en Castille toutes les fois qu'il s'agissait de combattre les Maures.

Pierre avait quitté Majorque pour se rapprocher du Portugal, où il entretenait des agents secrets qui lui faisaient des partisans (1244); mais le pape se prononça pour le comte de Boulogne, Alphonse, et il écrivit même à Pierre, pour l'engager à renoncer à ses prétentions en faveur de son neveu, et le décider à l'aider de ses conseils et de ses armes, au lieu de vouloir le combattre. Pierre se rendit aux vœux du pontife, et il fut très-utile à son neveu Alphonse (1),

____

(1) Après avoir affermi Alphonse sur le trône, Pierre partit pour l'Andalousie où Ferdinand *le Saint* assiégeait Séville. Il contribua par sa valeur à la prise de cette ville. Ferdinand lui donna des possessions considérables pour prix de ses services. Pierre mourut septuagénaire en 1258.

pendant tout le temps que dura la guerre civile.

Les mécontents se plaignaient contre Sanche de l'ascendant qu'il avait laissé prendre sur lui par une femme dont on vantait la rare beauté, mais qu'on accusait d'avoir employé des sortiléges pour s'en faire aimer. C'était la fille de Lopez Diaz de Haro, seigneur biscayen, petite fille d'Alphonse IX, roi de Léon, et parente du roi au quatrième degré. Quelques écrivains ont prétendu qu'elle avait épousé Sanche secrètement; beaucoup d'autres le nient; ce qui est certain, c'est que dans les actes qui émanaient d'elle, elle prenait le titre de reine; mais il est certain aussi que Sanche ne le lui a jamais donné. Quoi qu'il en soit, à la haine des nobles contre Mécia ou Mencia, c'était le nom de la favorite, se joignaient d'autres causes de mécontentement, telles que la négligence du roi dans l'administration des affaires publiques, et l'indifférence avec laquelle il voyait les nobles et les seigneurs se faire la guerre. Tout cela au fond n'aurait pas suffi pour renverser Sanche de son trône, si le clergé ne s'était hautement déclaré contre lui. Tous les griefs de l'évêque de Porto et de l'archevêque de Braga furent remis sur le tapis.

On porta des plaintes formelles à Innocent IV, qui se trouvait dans ce moment à Lyon, où il présidait le concile; et Innocent (1245) envoya au roi une bulle dans laquelle étaient énumérés tous les griefs articulés contre lui; il l'invi-

tait à y faire droit, lui déclarant que, faute par
lui de se conformer à son invitation, il pren-
drait les mesures qu'il jugerait convenables
pour le salut du royaume et pour le sien propre. Plusieurs prélats, l'archevêque à leur tête,
se rendirent à Lyon pour renouveler leurs plaintes et solliciter du pontife des mesures déci-
sives. Deux seigneurs portugais étaient partis
avec les prélats pour présenter au Saint Père la
défense du roi ; mais, comme l'un d'eux fut dans
la suite amplement récompensé par le successeur de Sanche, on peut croire qu'ils ne remplirent pas bien loyalement leur mission. Innocent, occupé à Lyon de graves intérêts, s'en
rapporta, un peu légèrement peut-être, aux ennemis du roi. Quatre mois ne s'étaient pas encore écoulés depuis qu'il avait donné sa première
bulle, qu'il en donna une seconde, par laquelle
Sanche était déclaré déchu de ses droits au trône.

Les ennemis du roi n'eurent pas plus tôt obtenu la bulle de déchéance, qu'ils se rendirent
en toute hâte à Paris, où très-probablement les
attendait l'infant Alphonse. On ne saurait en
effet se persuader qu'Alphonse fût resté complétement étranger à ces manœuvres. Il avait su,
par l'entremise de Blanche de Castille, se rendre
agréable au pape, en acceptant de lui la mission
d'aller le joindre aux croisés qui devaient marcher contre les Mongols qui s'avançaient vers
l'Europe. Cette croisade à la vérité n'eut pas
lieu ; mais Alphonse montra le désir de faire

servir ses préparatifs de guerre contre les Maures d'Espagne, ce qui non plus n'eut pas de suite. Il est même à présumer qu'Alphonse, qui connaissait la disposition des esprits en Portugal, n'avait parlé de la guerre des Maures que pour avoir un prétexte plausible d'intervenir, les armes à la main, dans les affaires du royaume.

Alphonse fut obligé de promettre avec serment qu'il exécuterait ponctuellement toutes les conditions qui lui furent imposées; et ces conditions, comme on peut le croire, dictées par des prélats et des abbés, ne se rapportaient qu'aux avantages des églises, des couvents, de leurs biens, des clercs et des moines qui, par les immunités stipulées en leur faveur, devenaient tout à fait indépendants de l'Etat. Les intérêts du pape et du gouvernement ne figuraient dans le traité que d'une manière accessoire. Alphonse promit tout, jura tout, ne contesta rien; l'événement prouva plus tard qu'il n'avait tant cédé que parce qu'il était intérieurement résolu à tout retenir. Quoi qu'il en soit, dès qu'il eut prêté le serment exigé, il partit avec les prélats pour se rendre en Portugal. Il arriva à Lisbonne sur la fin de l'année, et les habitants lui prêtèrent serment de fidélité.

Quand le roi eut appris l'arrivée de son frère, et qu'il eut connaissance de la bulle du pape, il parut abattu et tout à fait découragé. Il n'avait pu penser que le pape aurait passé sans transition d'une bulle d'avis à une bulle de déchéance. Au fond, le pape n'avait nullement entendu le priver du trône ; mais on avait torturé les termes de la bulle pour en étendre le sens ; car la bulle contenait ces mots: au reste, nous n'entendons nullement ravir le royaume au susdit roi ou à son fils légitime, s'il en a un. *Per hoc autem memorato regi vel ipsius legitimo filio, si quem habuerit, prædictum regnum adimere.* Ce que nous voulons, continue le pape, c'est pourvoir au bien du roi, à celui du royaume, au vôtre même durant sa vie, par le moyen dudit comte (de Boulogne) dont nous connaissons la sagesse et la prudence. *Sed potiùs sibi et eidem regno et vobis ipsis in vitâ ejusdem regis, per sollicitudinem et prudentiam comitis consulere supradicti.* Ce fut donc par un abus criant des termes de cette bulle fameuse qu'on prétendit y voir une déchéance réelle.

Sanche pourtant, revenu de sa stupeur, se montra disposé à opposer la force à la force ; mais ce mouvement d'un légitime courage ne dura pas ; effrayé, d'une part, à l'aspect du parti très-nombreux de son frère, entraîné, de l'autre, par des conseils perfides, il crut devoir céder à l'orage, et il partit furtivement pour la Castille. Arrivé à Tolède, il fut favorablement accueilli par le roi Ferdinand, qui lui donna une armée nombreuse pour le ramener en Portugal ; mais son absence, bien que courte, lui avait été funeste. Ses partisans s'étaient laissé aller au découragement ; on leur dit que Sanché, en quittant son royaume, y avait renoncé (1), et qu'on ne devait pas de fidélité à un prince qui le premier abandonnait son peuple. Ce raisonnement n'était pas fort concluant ; mais il suffisait pour convaincre des hommes dont la fidélité n'était pas sans reproche, ou qui n'aspiraient qu'à se mettre à l'abri des chances toujours désastreuses de la guerre civile ; ils trouvaient plus commode ou plus avantageux de se soumettre au nouveau souverain qui, d'ailleurs aurait pour lui le souverain pontife, le haut clergé portugais et la plupart des seigneurs, que de s'exposer à perdre leurs biens ou à verser leur sang pour le prince proscrit qui, au lieu de défendre ses droits et de périr s'il l'eût fallu sur les degrés de son trône, n'avait songé d'abord qu'à mettre sa personne en sûreté.

Il faut dire au surplus qu'Alphonse était bien fait pour entraîner la nation ; il était sage et prudent ; avait des manières douces et affables ; son air de bonté séduisait ; il ne manquait pas non plus de fermeté lorsqu'elle était nécessaire pour triompher de la résistance, et il donna dès

(1) Nous nous souvenons d'avoir entendu, un savant Espagnol, D. Antonio Capmany, alors secrétaire (1796) de l'académie espagnole à Madrid, attribuer à ce départ impolitique de Sanche l'origine de ce vieux proverbe *quand le roi quitte sa place, il la perd.* Sanche n'est pas le seul qui ait perdu sa place pour l'avoir quittée ; la même chose est arrivée à Jacques II roi d'Angleterre.

les premiers jours des preuves manifestes de son amour pour la justice. Il avait d'ailleurs promis tout ce qu'on avait voulu, persuadé sans doute que de telles promesses, arrachées par des circonstances qui peuvent exercer sur l'esprit et la volonté une violence morale, ne sont pas obligatoires ; ainsi, chacun espérait une bonne part dans le pouvoir et la domination ; mais tandis que tous, clercs et laïques, les premiers surtout, se berçaient d'illusions, Alphonse cherchait à gagner les commandants des places fortes et des châteaux, de même que tous les officiers de l'armée. Ce prince fit ce que font tous ceux qui, n'étant appelés à monter sur un trône ni par leur naissance ni par le vœu général de la nation, et ne s'y voyant poussés que par un parti, promettent à ce parti tout ce qu'il demande, bien décidés à ne remplir de ces promesses que ce qui ne portera aucun préjudice à leurs droits et aux droits de la royauté. « Je garderai toutes les conventions susdites, sauf mon droit et celui du royaume de Portugal. *Hæc omnia supradicta Ego præfatus comes servabo, salvo jure meo et regni Portugaliæ.* » Il est vrai qu'Alphonse ajouta à cette clause quelques mots assez vagues, afin de tranquilliser ceux que la clause elle-même pouvait alarmer : « de telle sorte que toutes les choses susdites soient toujours maintenues fermes et valables, et qu'elles soient observées en tout et par tous. » Mais on ne pouvait pas s'y tromper ; à ces derniers mots étaient toujours sous-entendus, sauf mes droits et ceux du royaume, et il était évident que tout ce qui blesserait le moins du monde les intérêts du souverain, serait censé repoussé par la clause. Aussi, le chroniqueur Brandâo ne prend pas le change ; il disait : « plus la condescendance de l'infant pour les prélats était grande, moins on devait la croire sincère ; car Alphonse se réservait une porte toujours ouverte, dans cette clause qu'il consentait à tout ce qui ne serait préjudiciable ni à lui ni au royaume. »

Alphonse, informé de l'approche de son frère avec une armée, courut à sa rencontre avec toutes les troupes qu'il avait pu réunir ; et ces troupes étaient beaucoup plus nombreuses qu'on n'aurait pu le croire dans ce premier moment ; mais avant de tirer l'épée, et cherchant à éviter une rupture avec le roi de Castille et de Léon (1), Alphonse demanda une entrevue à l'infant de Castille, qui commandait l'armée ennemie ; il lui montra la bulle du pape qui lui conférait la régence, et l'archevêque de Braga, exhibant à son tour les pleins-pouvoirs qu'Innocent lui avait conférés, menaça d'excommunication quiconque combattrait pour la cause de Sanche II. Alphonse réussit au gré de ses espérances ; l'infant de Castille et tous les chevaliers castillans et léonais se tinrent pour con-

_____

(1) Ces deux royaumes plusieurs fois réunis, plusieurs fois séparés, venaient de se réunir encore sur la tête de Ferdinand.

vaincus, et déclarèrent qu'ils ne pouvaient désobéir au souverain pontife. Alphonse dit à Sanche lui-même qu'il n'avait qu'un moyen à prendre, et c'était d'en appeler au pape. Sanche, persuadé d'avance que son appel serait rejeté, et réduit à vivre désormais dans une condition privée, aima mieux aller cacher son infortune en Castille que d'en donner le spectacle à ses anciens sujets devenus ses ennemis.

Toutefois, quelques commandants de forteresse étaient restés fidèles au roi Sanche; ne se croyant pas déliés de leurs serments, ils résistaient aux offres tout comme aux menaces; et le peuple, ce même peuple, qui avait applaudi à la déchéance du roi et à l'intronisation d'Alphonse, taxait du nom de traîtres les alcaydes qui avaient capitulé, et honorait hautement les alcaydes qui remplissaient leur devoir. Nous ne croyons pas devoir priver nos lecteurs de la connaissance de deux traits qui font briller au même degré la fidélité des deux officiers auxquels ils appartiennent, quoique d'une manière bien différente. Dans le premier, on admire l'heureux stratagème employé par le commandant de Celorico; dans le second, on a la preuve touchante du plus noble dévouement.

Ferdinand Rodriguez Pacheco, sommé de rendre sa forteresse, répondit qu'il ne devait d'obéissance qu'au roi, tant que le roi vivrait. Alphonse eut recours à la force, et le siége commencé immédiatement fut poussé avec la plus grande vigueur; mais, comme on s'aperçut qu'on ne parviendrait que difficilement à surmonter la résistance de la garnison, on convertit le siége en blocus dans l'espérance que la faim forcerait les assiégés à se rendre; bientôt en effet la disette devint extrême. Un jour que Pachéco faisait la visite des postes avant le lever du soleil, il vit un oiseau pêcheur qui sortait des eaux du Mondégo tenant un gros poisson dans ses serres. Comme cette rivière passe sous les murs de Celorico, l'oiseau prit son vol par-dessus le château, mais il arriva qu'il laissa tomber le poisson. Le commandant s'en saisit, le fit apprêter de la manière la plus délicate, puis le fit porter à l'infant avec du pain très-blanc et quelques bouteilles de liqueurs. Pachéco chargea son envoyé de dire à l'infant qu'il le priait de ne pas lui savoir mauvais gré de défendre la cause royale qu'il avait juré de servir; que s'il recevait l'ordre de Sanche de rendre la place ou la nouvelle de sa mort, il s'empresserait d'ouvrir les portes du château; qu'au surplus, le château était très-bien approvisionné, et qu'il avait même des vivres frais et des liqueurs en abondance, comme il pouvait s'en convaincre par le beau poisson que le gouverneur le priait d'accepter. Alphonse demeura très-surpris, et l'envoi de ce poisson frais lui fit penser qu'il existait quelque communication souterraine entre le château et la campagne, ou quelque porte secrète par laquelle on introduisait des vivres dans le château. Cependant il accueillit l'envoyé avec bienveillance, accepta le présent de Pachéco qu'il fit remercier, et leva le siége. Il alla pour lors se réunir avec ses troupes à celles qui avaient déjà commencé le blocus de Coïmbre, faute d'avoir pu l'emporter d'assaut.

Martin de Freytas était commandant de cette place. Après avoir courageusement repoussé les attaques, et triomphé, ce qui était plus difficile, des murmures et même des révoltes de ses soldats tourmentés par la faim, en leur donnant l'exemple de la résignation et de la patience, il reçut la nouvelle de la mort du malheureux Sanche. Martin de Freytas refusa d'y croire, il fit demander à l'infant un sauf-conduit pour aller à Tolède et un armistice pour tout le temps que durerait son absence. L'infant accorda tout. Freytas reçut à Tolède la confirmation de la mort de Sanche ; encore voulut-il le voir dans son cercueil qu'il fallut ouvrir pour achever de le convaincre. Ne pouvant plus douter de la triste vérité, il prit les mains glacées de son ancien maître, y plaça les clefs de Coïmbre, et se jetant à genoux, «Mon seigneur et roi, s'écria-t-il, tant que vous avez vécu, j'ai tout supporté pour votre service, en vassal fidèle et dévoué ; maintenant que vous n'êtes plus et que je ne puis vous remettre la ville que vous m'aviez confiée, j'en dépose les clefs dans vos mains, afin d'être délié de mes obligations, et pour que la capitulation de la ville ne puisse être regardée

comme un triomphe par votre ennemi. Freytas
fit dresser un procès-verbal de tout ce qui s'était
passé à Tolède, après quoi il reprit le chemin
de Coïmbre. Peu de jours après, il fit à l'infant,
qui venait de prendre le titre de roi, la remise de
la ville qu'il avait si courageusement et si fidèlement défendue. Sanche mourut dans le mois de
janvier 1248 ; jusque-là 'infant n'avait adminis-
tré qu'en qualité de régent, et il n'avait employé
que son sceau de comte de Boulogne.

Alphonse III eut, comme son frère, une époque de gloire et un temps de traverses qui lui
furent suscitées par le clergé ; mais plus actif et
plus politique que lui, plus fortuné d'ailleurs,
il sut maîtriser les événements. Voulant signaler
par quelque grande conquête le commencement de son règne, Alphonse entreprit de soumettre l'Algarbe, et il y réussit. Sanche Ier avait
porté, il est vrai, le titre de roi de l'Algarbe
après qu'il se fut emparé de la ville de Sylves;
mais il ne conserva pas ce titre après que les
Maures eurent repris cette place. Sous le dernier règne, les Portugais avaient fait quelques
conquêtes dans les Algarves; et notamment celle
du village de Marachil. Alphonse III ouvrit sa
première campagne par le siége de Faro, qui se
rendit par capitulation (1249). La ville d'Albu-
feira, celle de Loulé et plusieurs forteresses
que les Maures possédaient encore sur la côte,
tombèrent de même au pouvoir des Portugais.

Trois ans après, (1252) Alphonse enleva aux

Maures Aroucha et Aracena, sur la rive gauche
de la Guadiana. Déjà Sanche II avait traversé
ce fleuve et pris les villes de Moura, de Serpa et
d'Ayamonte. Le roi de Castille ne s'était pas
plaint de ces conquêtes du Portugal dans l'ancienne Bétique; mais lorsqu'après la mort de
Ferdinand, Alphonse-le-Savant monta sur le
trône de Castille, ce qui eut lieu la même année, ce dernier prétendit que le roi de Portugal
ne pouvait ni porter ses limites plus à l'orient, ni
même rester en possession de l'Algarve. De là
naquit une contestation qui fut suivie de quelques hostilités. Le pape Innocent IV se hâta
d'offrir sa médiation, et les deux rois le prirent
pour arbitre de la querelle. Le pape décida que
le roi de Castille jouirait, sa vie durant, du revenu des Algarves, mais que la possession et la
propriété appartiendraient au roi de Portugal.
Ce traité eut lieu en 1253. Le roi de Castille, à
la vérité, chercha quelquefois à s'attribuer des
droits de souveraineté, mais ces tentatives, à
l'instant réprimées tant par Alphonse III que
par de nouveaux brefs du pape, ne firent que
confirmer le droit de souveraineté du Portugal.

Par une des clauses du traité, il avait été convenu que le roi de Portugal épouserait une fille
naturelle du roi de Castille; et quoiqu'elle ne
fût pas encore nubile, Alphonse l'emmena
à Lisbonne où elle prit le titre de reine. Cependant Alphonse était lié par un premier
hyménée. Mathilde de Bourgogne vivait encore

et le divorce n'avait pas été prononcé. Mathilde porta ses plaintes devant le saint-siége. Le pape ordonna au roi de répudier sa seconde femme Brigitte et de reprendre la première ; sur son refus, le roi fut excommunié. Mathilde étant morte en 1262, tous les prélats portugais se réunirent à l'archevêque pour présenter au pape une humble supplique pour le prier de lever l'excommunication et de sanctionner l'union du roi et de la reine, quoique cette union eût été contractée du vivant de Mathilde et que la seconde épouse ne fût pas alors nubile. Ils demandaient aussi que les enfants nés du second mariage fussent déclarés légitimes. Les prélats faisaient valoir l'intérêt du royaume auquel la validité de ce mariage assurait une longue paix avec la Castille et les moyens d'agir conjointement avec cette puissance contre les Maures de l'Andalousie.

Le pape accueillit la demande ; le mariage fut maintenu, mais toutes les contestations entre le Portugal et la Castille n'étaient point terminées. Ce ne fut que deux ans plus tard (1264) que des plénipotentiaires des deux souverains fixèrent les limites du Léon et du Portugal. Pour ce qui concernait l'Algarve, Alphonse de Castille déclara abandonner tous les droits qu'il pouvait avoir sur cette province, sauf l'usufruit stipulé qu'il se réserva jusqu'à sa mort. Encore Alphonse de Castille abandonna-t-il cette jouissance en 1267 en faveur de son petit-fils Denis, âgé de sept ans, qui se rendit de Lisbonne à Tolède pour recevoir de son aïeul l'ordre de chevalerie ; il était accompagné de sa mère Brigitte. Non-seulement le roi de Castille renonça à son usufruit, mais encore il libéra le roi de Portugal de l'obligation de lui fournir cinquante chevaliers pour l'aider dans ses guerres, et il donna l'ordre de livrer à son gendre les châteaux de Tavira, de Faro, de Loulé et de plusieurs autres qui lui avaient été remis en garantie. Le roi de Portugal reprit alors le titre de roi des Algarves.

Alphonse III, ayant ainsi heureusement terminé ses différends avec le roi de Castille, s'adonna tout entier à l'administration intérieure. Le chroniqueur Brandâo dit de lui qu'il fut un des princes qui s'occupèrent le plus de la culture et de la prospérité du pays. Pour le mettre à l'abri des invasions, il fortifia beaucoup de places ouvertes, il releva les murailles de plusieurs autres, il fonda des villages nouveaux, agrandit un grand nombre de bourgades, favorisa l'accroissement de la population, donna des *foraes* à une infinité de communes. Dès le commencement de l'an 1254, il avait convoqué des cortès à Leyria, afin de statuer sur les réclamations de plusieurs villes, principalement Santarem et Porto, et en même temps pour sanctionner diverses ordonnances royales. Toutes ces dissensions furent facilement terminées par des concessions réciproques ; l'affaire de Porto seule donna de l'embarras. L'évêque de cette ville cumulait le pouvoir temporel avec le spirituel , (c'était l'effet des concessions peu mesurées de la reine Thérèse) , de telle sorte que l'évêque prétendait à une indépendance absolue, et à la jouissance exclusive de tous les avantages qui résultaient pour la ville de la fréquentation de son port par les marchands étrangers. Le roi ne supportait qu'avec peine cette autorité rivale du prélat.

Pour diminuer cet inconvénient, Alphonse avait fait construire en face de Porto une ville qu'il appela Villa-Nova de Gaya, pour la distinguer de la ville ancienne, Villa-Velha, et il accorda à la ville nouvelle une constitution et des priviléges. Les cortès de Leyria décidèrent que le tiers des vaisseaux chargés qui passeraient le Duero, et la moitié des vaisseaux étrangers qui entreraient dans le fleuve déposeraient leurs cargaisons à Villa-Nova. L'évêque murmura hautement contre cette décision, mais on ne s'arrêta pas à son opposition; et comme plus tard le roi saisit toutes les occasions de réduire encore les droits de l'évêque, de vives querelles s'élevèrent entre le prélat et le prince.

Une des choses auxquelles Alphonse apporta le plus de soin, ce fut d'encourager le commerce maritime et l'industrie nationale; il fit pour cela diverses ordonnances, et il établit des foires franches auxquelles tous les marchands forains étaient assurés d'être accueillis et de trouver protection. Malheureusement Alphonse avait

prétendu user d'un droit dont ses prédécesseurs
avaient plus d'une fois tiré avantage au détri-
ment du peuple : le changement et l'altération
des monnaies; cela occasionna des plaintes graves ; on offrit de payer un impôt en argent pour
que la mesure fût abandonnée ou du moins
ajournée. Alphonse consentit à l'ajournement;
bientôt même sur les représentations des membres de son conseil, il promit de ne pas tou-
cher aux monnaies, et en effet les choses de-
meurèrent en l'état où elles se trouvaient
jusqu'en 1261 ; mais à cette époque il fit frapper
des monnaies nouvelles. De violents murmures éclatèrent; on demanda la convocation des
Cortès, et les Cortès réunies à Coïmbre décidèrent que les monnaies anciennes repren-
draient leur valeur; que néanmoins dans toutes
les opérations commerciales, douze deniers de
la monnaie nouvelle en vaudraient seize de
l'ancienne. On établit en outre un impôt très-
onéreux, pour les pauvres surtout; il fut déclaré que ceux qui possédaient une valeur mo-
bilière ou immobilière de valeur de dix à vingt
livres paieraient demi-livre d'impôt, c'est-à-dire,
du vingtième au quarantième de leur patrimoine.
La taxe allait ensuite augmentant proportion-
nellement par classes, de vingt à cent livres, de
cent à deux cents, de deux cents à mille, de
mille et au-delà. Ceux de cette dernière classe
payaient trois livres ; de sorte que le riche qui
avait, par exemple, trente mille livres de valeur

ne payait que la trois millième partie de cette valeur, tandis que le malheureux qui possédait à peine dix ou douze livres devait se dessaisir d'un vingtième. Les Cortés donnèrent de plus au roi le droit de faire un nouveau changement dans le taux des monnaies, mais seulement dans quatre ans. Le roi n'eut recours à ce moyen qu'au bout de huit ans.

Ce qui peut justifier Alphonse, c'est que les revenus de l'état étaient modiques, que les droits les plus productifs étaient possédés par les évêques ou par les ordres militaires des Templiers, de St-Jacques et d'Avis, que tous les grands cours d'eau appartenaient au clergé, que tous les grands étaient exempts d'impôts, que sur beaucoup de villes tous les droits de la couronne se réduisaient à ceux de la suzeraineté. Les querelles d'Alphonse avec les trois ordres militaires avaient été vidées par des sentences arbitrales; il n'en fut pas ainsi de celles qu'il eut avec le clergé. Celui-ci qui regardait le roi comme l'œuvre de ses mains, prétendait aux plus larges récompenses; non-seulement il voulait conserver ce qu'il possédait, mais encore il exigeait que le roi remplît les promesses qu'il lui avait faites en montant sur le trône. Tant qu'il le vit occupé à guerroyer contre les Maures, il usa d'assez de tolérance; mais lorsqu'il s'aperçut qu'Alphonse n'avait cherché qu'à s'affermir sur le trône et qu'il n'y était parvenu que par des moyens dont quelques-uns bles-

saient ses droits acquis, ou contrariaient ses espérances, il se plaignit ouvertement d'abord
au roi lui-même, ensuite au pape Clément IV,
qui envoya un légat à Lisbonne pour informer;
mais le pape étant mort subitement en 1268,
sept évêques portugais se rendirent à Rome où
trois d'entre eux moururent aussi (l'archevêque
de Braga et les évêques de Guarda et de Coïmbre). Les quatre survivants pressèrent le nouveau
pontife, Grégoire X qui envoya au roi un bref
d'exhortation (1272). En même temps il désignait deux religieux de Lisbonne pour présenter
le bref au roi et exiger de lui une réponse. Le
roi éluda pendant longtemps d'accorder au-
dience aux deux religieux ; ce ne fut qu'à la fin
de l'année suivante que les ayant admis en sa
présence, il leur promit de convoquer les Cortès du royaume, ce qu'il fit réellement.

Les Cortès se réunirent à Santarem, le roi
fit des promesses, mais ces promesses restèrent
sans résultat. Le pape fulmina pour lors une
bulle où après avoir énuméré, comme c'était
l'usage, tous les griefs du clergé contre Alphonse, il sommait ce dernier de tenir strictement les promesses qu'il avait faites à son avénement; il voulait de plus que ses successeurs,
dans l'année de leur couronnement, jurassent
de tenir les engagements de leur auteur. Divers délais sont ensuite accordés au roi pour
qu'il obéisse; les peines canoniques augmentent
à l'expiration de chaque délai qui s'est écoulé

sans que le roi s'amende : excommunication simple, excommunication majeure, interdit du royaume, les Portugais déliés du serment de fidélité, etc.

Le roi qui n'était nullement disposé à obéir chercha à gagner du temps; la bulle était du mois de septembre 1275; le 10 janvier suivant Grégoire X mourut; Innocent V et Adrien V élus successivement moururent dans la même année; tous ces changements favorisèrent le système du roi qui consistait non à refuser nettement d'obtempérer à la bulle, mais à traîner en longueur, espérant tout du temps. Le nouveau pape, Jean XXI, portugais de naissance, prenant au clergé de son pays plus d'intérêt que ne l'avaient fait ses prédécesseurs, envoya un légat chargé de presser l'exécution de la bulle de Grégoire X. Le roi ne se départit pas de sa méthode; il donna, il est vrai, plusieurs audiences au légat, mais il mit toujours en avant quelque exception dilatoire. Tantôt il demandait qu'on lui donnât une copie de tous les documents mentionnés dans la bulle; tantôt il prétendait qu'il y avait lieu à des enquêtes, ou bien il voulait avant tout envoyer un ambassadeur au pape. Enfin le roi fit si bien que Jean XXI ne put voir la fin de cette affaire, la mort l'ayant surpris en mai 1277. Cette mort ne pouvait arriver plus à propos, car Alphonse était au bout de tous ses subterfuges.

Le successeur de Jean XXI montra moins d'empressement. Aussi le roi n'était-il encore qu'au premier degré des peines portées par la bulle c'est-à-dire l'excommunication simple , lorsqu'il fut attaqué lui-même de la maladie à laquelle il succomba le 16 février 1279. Avant de mourir, il appela quelques clercs et quelques seigneurs portugais auprès de son lit; et en leur présence il déclara qu'il voulait exécuter sans conditions toutes les dispositions de la bulle, et que s'il n'avait pas lui-même le temps de le faire, son fils le ferait pour lui. L'infant qui était présent le promit; là-dessus Etienne aumônier du roi, leva l'excommunication. Le corps du roi fut transporté de Lisbonne au monastère d'Alcobaza où son père et sa mère avaient été inhumés; il l'avait ordonné dans son testament.

CHAPITRE IV.

RÈGNES DE DENIS Ier ET D'ALPHONSE IV.

(D. 1279 à 1357).

Denis n'avait que dix-huit ans lorsqu'il monta sur le trône; il était né le 9 octobre 1261, à Lisbonne, de la seconde épouse d'Alphonse, Brigitte fille du roi de Castille. Ce fut sous son règne que Lisbonne devint définitivement le siége du gouvernement et la capitale du royaume. Denis avait reçu l'éducation la plus soignée; Alphonse lui avait donné plusieurs maîtres, portugais et français, et ses maîtres s'étaient attachés à former son cœur, à diriger ses penchants, à éclairer son esprit. Comme son père avait passé dans des souffrances habituelles les derniers temps de sa vie, Denis avait été accoutumé de bonne heure à s'occuper des affaires publiques. Dès qu'il eut atteint sa seizième année, il eut une maison, des officiers et quarante mille livres de revenu. Son père avait voulu rendre moins sensible pour son fils le passage subit d'une vie, pour ainsi dire, privée à la vie publique d'un souverain; d'ailleurs en le montrant ainsi aux Portugais dans ce brillant appareil, il espérait que les Portugais s'accoutumant à regarder le prince comme leur futur souverain, le reconnaîtraient à sa mort sans aucune difficulté.

Pendant la première année de son règne, le jeune roi partagea le pouvoir souverain avec sa mère; mais à la première occasion, il se délivra de cette espèce de tutelle à laquelle il s'était soumis. Le roi de Castille en qualité de père et d'aïeul désirait rétablir la bonne intelligence entre la mère et le fils. Il demanda à ce dernier une entrevue à Badajoz et Denis partit en effet de Lisbonne; mais arrivé à Elvas, il prétexta une indisposition pour ne pas se trouver au rendez-vous. Il sentait qu'un refus blesserait son grand-père, et que faire autrement c'était se mettre de nouveau sous la dépendance de sa mère, d'une femme qui ne cachait pas sa prédilection pour la Castille, ce qui déplaisait aux Portugais. Deux ans après, Denis épousa Isabelle, infante d'Aragon, qui ne manquait ni de beauté ni d'esprit et qui relevait par des vertus les dons qu'elle tenait de la nature.

Denis vécut, pendant quelques années, en bonne intelligence avec les états voisins; mais les prétentions de son frère Alphonse troublèrent la paix intérieure. Alphonse était né en 1263, après la mort de Mathilde, tandis que Denis était né du vivant de la première épouse; de là il concluait que Denis était illégitime, et que par conséquent c'était à lui seul qu'appartenait la couronne. Si Alphonse avait été un prince sans crédit et sans pouvoir, Denis aurait dédaigné ces propos, puisque le pape sur la demande des évêques, avait validé le mariage de sa mère et légitimé les enfants nés auparavant ; mais Alphonse était seigneur de domaines considérables qu'Alphonse III lui avait donnés ; il avait d'ailleurs épousé une petite fille du roi Ferdinand III de Castille, ce qui attachait à lui beaucoup de seigneurs castillans ; il pouvait donc se faire un parti dans les deux royaumes, et sa maison était même devenue le refuge de tous les mécontents de Castille. Sanche, qui avait succédé à son père Alphonse X au préjudice des enfants de son frère aîné qui était décédé, écrivit à Denis pour se plaindre de l'infant. Denis déjà irrité contre son frère alla immédiatement l'assiéger dans sa ville de Portalégre. La querelle se termina par l'intervention de la reine Isabelle. Le roi garda toutes les places qu'il avait prises, et pour en indemniser son frère, il lui donna des terres équivalentes *aux environs de Lisbonne*, afin de le tenir éloigné de la Castille.

La Castille était alors déchirée par des dissensions intestines. Les infants de la Cerda, soutenus par le roi d'Aragon, élevaient des prétentions fondées au trône de la Castille. Denis intervint dans cette querelle en faveur de Sanche, et, en 1297, un traité d'alliance fut conclu entre le Portugal et la Castille, traité qui fut scellé par un double mariage : celui d'une fille de Denis avec le jeune Ferdinand successeur de Sanche IV et celui de l'infante de Castille Brigitte avec le fils de Denis, héritier présomptif du trône. Une seconde intervention de Denis entre la Castille et l'Aragon amena la paix entre ces deux puissances, et par suite, un accord entre le roi Ferdinand IV et le prince Alphonse de la Cerda auquel il fut fait un brillant apanage, pour prix de sa renoncation à ses droits ; ce qui rétablit la paix entre tous les princes chrétiens.

Le traité de 1297 avait valu au Portugal la cession par la Castille du district d'Olivenza, sur la rive gauche de la Guadiana. Le rôle de médiateur et d'arbitre que prit Denis (1302-1303), ou plutôt qui lui fut donné par les deux rois d'Aragon et de Castille, ne fut pas seulement glorieux pour ce prince, mais il fit encore obtenir au Portugal une importance qu'il n'avait pas eue encore. Son indépendance fut incontestablement reconnue par la Castille, qui seule avait paru souvent la lui contester, et les Portugais acquirent enfin, grâce aux grandes qualités de leur roi, cette nationalité dont ils étaient si jaloux.

Malgré les embarras de la guerre et des négociations qui l'avaient suivie, Denis ne négligea point les soins de l'administration intérieure. Dès qu'il se fut lui-même déclaré hors de tutelle et qu'il eut assumé sur sa tête toutes les charges du gouvernement, il commença par visiter son royaume, comme c'était l'usage de ses prédécesseurs, accueillant toutes les observations, tous les griefs qui lui étaient présentés, afin de pouvoir réparer le mal là où il existait. Son premier voyage eut lieu dans l'Alentéjo qui avait, plus que les autres provinces, besoin de l'intervention royale, parce que son sol étendu et fertile qui ne demandait, pour produire, que la main de l'homme, manquait d'habitants. Aussi cherchat-il dès ce moment tous les moyens d'y attirer la population, et en même temps de faire rentrer dans le domaine de la couronne les immenses propriétés qui avaient été aliénées en faveur d'ordres militaires et de couvents. Les propriétaires dépossédés furent indemnisés par des échanges dans d'autres provinces, et par-là l'action du souverain devint plus immédiate et surtout plus féconde sur cette province limitrophe. Aussi les habitants, témoins de son zèle, de son dévouement, de son ardent désir de les rendre heureux, lui décernèrent-ils le plus beau de tous les titres, celui de père de la patrie, *Pai da patria*. Les propriétaires des terres, les cultivateurs, pareillement convaincus de sa sollicitude pour les progrès de l'agriculture, ajoutèrent au premier titre celui de *Lavrador*, le laboureur.

Ce que Denis fit pour l'Alentéjo, il le fit aussi pour les autres provinces qu'il visita plusieurs fois dans le cours de sa vie ; mais il trouva souvent, dans les nobles et dans le clergé, une résistance qui aurait paralysé sa bonne volonté, s'il avait eu le caractère moins ferme. Les seigneurs,

tant clercs que laïques , avaient empiété considérablement sur les terres qui avaient été primitivement concédées depuis Alphonse-Henriquez, au fur et à mesure que la conquête reculait
les limites du Portugal , aux habitants pauvres
qu'on voulait attacher au sol nouveau par l'appât
de la propriété. Beaucoup d'ordonnances avaient
été rendues pour réprimer ces usurpations , et
les intéressés savaient les éluder ; mais en 1284
une ordonnance nouvelle, contenant des dispositions positives et véritablement exécutoires,
soutenue d'ailleurs par la volonté persévérante
du roi, vint enfin triompher des résistances injustes, et rendre à une culture active des terres
qui lui avaient été depuis longtemps soustraites.

Un autre objet important appela bientôt l'attention du roi. Des mines d'or avaient été découvertes, sous le règne de Sanche Ier, près du
bourg d'Adiça entre Cezimbre et Almada ; mais
l'exploitation en avait été tout à fait négligée.
Denis accorda (1290) des priviléges à ceux qui
les exploiteraient pour le compte du trésor ; et
le droit d'exploiter les mines de fer de tout le
royaume fut concédé à condition qu'un cin-
quième de minerai, ou un dixième de fer brut
serait livré au roi, et qu'en outre le conces-
sionnaire payerait les impôts. Ce point réglé,
Denis s'occupa du commerce maritime ; plusieurs statuts existants furent confirmés ou
modifiés (1293) ; un traité de commerce eut lieu
aussi entre Denis et le roi d'Angleterre, Edouard Ier

Denis, comme on le pense, tout en favorisant l'accroissement de la marine marchande, ne négligea pas celle de l'État.

Quand la cour siégeait à Coïmbre, les navires du roi s'équipaient dans cette ville et sortaient de l'embouchure du Mondego ; après la conquête de Lisbonne, des chantiers y furent établis, on y attira des ouvriers étrangers, et ces ouvriers construisirent des vaisseaux. Sanche Ier avait fait divers règlements pour la marine. Un nouvel arsenal s'était élevé dans Lisbonne. Alphonse III eut des flottes qui se mesurèrent avec les vaisseaux des Maures ; il était réservé à Denis de faire du Portugal une puissance maritime. Il ne pouvait au surplus s'en dispenser, depuis que la province des Algarves faisait partie intégrante du royaume. Comme cette province consiste principalement en côtes, elle était constamment exposée aux attaques des Maures d'Afrique et des Andalous de Grenade (1), et ce n'était qu'en entretenant des flottes que les Portugais pouvaient empêcher l'approche de ces ennemis d'autant plus acharnés qu'ils avaient été expulsés de cette partie de l'Espagne, et qu'ils la regardaient comme une proie qui leur était échappée.

(1) Séville, Jaen, Cordoue étaient tombées au pouvoir du roi de Castille ; Valence, Saragosse et Murci au pouvoir du roi d'Aragon. Les Maures s'étaient réfugiés à Grenade où Muhamad ben Sad avait fondé un royaume qui dura deux siècles encore.

Denis avait une affection particulière pour la ville de Leyria, où il prenait souvent le plaisir de la chasse ; mais il avait remarqué avec une sorte d'effroi que ses fertiles plaines couraient risque d'être un jour inondées par des flots de sables mouvants qui se détachaient des collines voisines. Pour éviter ce désastre et mettre en même temps cette ville à l'abri des ouragans qui venaient de la mer, il fit planter des pins sur toutes les collines environnantes, et ces pins ne servirent pas seulement à fixer le sol mouvant et à retenir les sables, mais ils produisirent encore les belles forêts qui ont fourni plus tard des bois de construction à la marine portugaise.

Nous avons dit que le roi avait éprouvé de la part des nobles et surtout des évêques une vive opposition à ce qu'il faisait pour le peuple ou pour l'autorité royale. On n'a pas oublié qu'il s'était engagé, à la mort de son père, à l'accomplissement des promesses de celui-ci ; mais le fréquent changement de papes, qui avait eu lieu depuis 1280, avait empêché l'affaire de la bulle d'être suivie avec beaucoup d'activité ; ce fut sous Nicolas IV, élu en 1288, qu'on reprit les poursuites. Le roi fit quelques concessions, mais il contredit beaucoup d'imputations, et surtout il en nia formellement un grand nombre d'autres, telles que celle d'avoir menacé l'archevêque et les évêques de peine capitale, de les avoir retenus captifs dans des couvents sous la garde de juifs et de Maures, d'avoir fait tuer ou mutiler les agents

des évêques, d'avoir emprisonné des ecclésiastiques et de les avoir laissés mourir de faim , etc.
On sent en effet que toutes ces accusations ne
pouvaient être vraies ; le caractère bien connu
de Denis suffirait pour les repousser.

Le roi se défendit aussi avec force du reproche
d'empiétement sur les attributions des évêques
et la juridiction ecclésiastique ; il promit de se
renfermer strictement dans ses droits, et de
respecter ceux de l'Eglise , mais il exigea que ,
s'il prenait avec le consentement des prélats
quelque mesure utile au royaume, les prélats ne
vinssent pas ensuite y mettre obstacle, pourvu
que la mesure ne fût point contraire à la liberté
de l'Eglise, Ce fut sur ces bases qu'on conclut
le traité du 7 mars 1289. L'année suivante le
pape confirma, par une bulle du 13 août, l'université fondée d'abord à Lisbonne et transférée
plus tard à Coïmbre.

La paix entre le clergé et le roi fut bientôt
troublée par des prétentions nouvelles du clergé
et des récriminations de la part du roi ; onze
articles furent encore ajoutés au traité du 7
mars ; à ces articles il fallut bientôt en joindre
d'autres, et cette fois seize ans s'écoulèrent en
paix ; mais en 1309 les évêques se plaignirent
encore. C'était moins sur des griefs nouveaux
que portaient les plaintes , dit Brandâo, que
sur les mêmes faits auxquels il avait été déjà
porté remède. Au fond, dit le même historien,
quand une récidive avait lieu et qu'elle était

prouvée, le roi donnait satisfaction sur-le-champ aux plaignants, mais il évitait avec soin tout ce qui aurait pu porter atteinte à ses droits. Ce que le clergé ne pardonnait pas au roi, c'était d'avoir mis des bornes à la faculté jusque-là illimitée, qu'avaient les évêques et tous les corps religieux d'acquérir des propriétés territoriales. Les donations antérieures avaient eu pour résultat de convertir la plus grande partie des meilleures terres en biens de main morte ; et comme ces biens étaient exempts d'impôts, suivant d'anciens usages qui par le temps avaient acquis force de loi, il en résultait un notable préjudice tant pour les habitants qui manquaient de terres cultivables, que pour le roi lui-même qui manquait de revenus.

Alphonse II avait tâché de remédier au mal, en faisant publier les anciens règlements qui existaient sur cette matière, auxquels il ajouta une loi restrictive des acquisitions à faire par le clergé, et il la fit publier dans les Cortès qui se tinrent à Coïmbre après son avénement. Mais cette loi n'était ni assez précise, ni assez générale ; Denis, en ordonnant qu'elle fût remise en vigueur, ordonna de plus que tous les biens acquis depuis son avénement au trône par les corps religieux et les ecclésiastiques, fussent revendus dans le délai d'un an. Peu de temps après (1291), il défendit par une autre loi à quiconque entrait dans un ordre religieux de vendre ou de donner tous ses biens, comme cela

avait lieu auparavant (c'était, il est vrai, par des ventes déguisées); seulement il était permis à ceux qui croyaient devoir faire un sacrifice pour le salut de leur âme, de vendre ou donner jusqu'à concurrence du tiers de leurs biens, les autres deux tiers étant réservés pour les héritiers; encore ce premier tiers ne pouvait-il être donné ou vendu qu'à des personnes qui ne le transmettraient pas à des ordres religieux. Cette loi fut rigoureusement observée pendant le règne de Denis et plusieurs fois renouvelée et confirmée par ses successeurs. Le clergé oublia dans ces circonstances que Denis avait très-efficacement défendu les églises et les couvents contre les descendants des fondateurs d'œuvres pies et des patrons de ces fondations; il ne vit que la prohibition d'acquérir de plus grandes richesses, et il se livra à la plus vive irritation.

Cependant Denis avait rendu au clergé un service immense en le délivrant, en grande partie du moins, des vexations des *Herdeiros*, héritiers; car non-seulement ces héritiers exigeaient avec la plus grande rigueur les prestations convenues, comme prix des concessions primitives, mais encore chaque héritier, quelque grand que le nombre en fût devenu, se prétendait investi du droit tout entier. Alphonse III n'avait fait que des efforts impuissants pour déraciner cet abus; ses ordonnances furent mal exécutées ou éludées. Denis les fit revivre, et il y ajouta des dispositions nouvelles qui leur garantissaient une pleine et entière exécution. Toutefois Denis n'avait pu que diminuer les charges; ses successeurs, Alphonse IV et Pierre Ier, tentèrent d'aller plus loin et de supprimer les charges mêmes, et ils excitèrent contre eux tout le corps de la noblesse qui jouissait, par ses richesses et par ses priviléges, d'un crédit presque sans bornes.

Il était arrivé en Portugal ce qui était arrivé en France, en Espagne, en Italie, dans la Grande-Bretagne, lorsque les Francs, les Goths, les Lombards, les Danois s'étaient rendus maîtres de ces contrées. Toutes les terres conquises avaient été plutôt partagées entre les conquérants qu'elles n'étaient entrées dans le domaine du roi ou chef. Sous les rois de Léon, sous Alphonse de Castille, sous le comte Henri et ses premiers successeurs, les chevaliers, les nobles qui avaient arraché des terres aux Maures, en répandant leur sang, recevaient ces mêmes terres en récompense. On sent que cela ne pouvait guère avoir lieu autrement ; car de tout temps, pour attacher les hommes à une cause, il a fallu exciter leur propre intérêt. Ces donations étaient faites à la seule condition que chaque seigneur tenancier ou propriétaire suivrait le roi à la guerre, quand il en serait requis, et qu'il le ferait avec ses hommes et à ses frais. Dans la suite, les grandes propriétés furent divisées en plusieurs classes ; on entendait par *solar*, une résidence fortifiée, un château d'où le seigneur régnait sur la contrée environnante. Ces châteaux avaient des tours, des fossés, des ponts-levis. En temps de guerre, tout seigneur obtenait aisément la permission de construire des forteresses de ce genre ; en temps de paix, cela était beaucoup plus difficile, parce que ce n'était guère que pour abuser de sa force qu'on demandait à se fortifier. Denis fut quelquefois obligé d'ordonner la destruction de châteaux forts, et d'émettre des lois pour prévenir les abus. Les *coutos* étaient des biens-fonds dont la possession était accompagnée de droits et de priviléges. Ils étaient francs d'un grand nombre d'impôts, et les officiers du roi ne pouvaient y entrer. Les *honras* étaient à peu près la même chose que les coutos ; car souvent on a pris ces deux mots l'un pour l'autre. Enfin on appelait *behetria*, une concession de terrain faite par le roi, à charge de le mettre en culture. Les possesseurs de behetrias avaient cet avantage, qu'ils étaient libres de choisir leur seigneur, de même que ses officiers, juges et autres. L'élection était à vie.

Les choses les plus simples donnent, à la longue, naissance à des abus ; que devait-ce être avec tant d'exemptions et de priviléges ? Les abus devinrent même tels qu'il fallut prendre, à diverses reprises, des mesures répressives ; mais ces mesures furent longtemps impuissantes ; il fallut toute la fermeté de Denis pour obtenir quelque résultat. Un édit du mois d'octobre 1307, déclara supprimées toutes les honras créées ou étendues depuis 1290, et cet édit s'exécuta au moins tant que Denis vécut.

Sous le règne de Sanche II, des chevaliers de l'ordre espagnol de Saint-Jacques s'étaient introduits dans le Portugal; et comme ils combattirent vaillamment contre les Maures, ils furent non-seulement tolérés, mais encore récompensés par des concessions de terres. Sous le règne d'Alphonse II ils s'établirent à Alcaçar do Sal, c'est-à-dire, qu'ils y avaient le siége de leur ordre; mais, plus tard, ils transportèrent leur résidence à Mertola, et ensuite à Palmella. Les rois de Portugal favorisèrent l'accroissement de cet ordre; mais ils sentaient leur dignité blessée de voir ces chevaliers sous la dépendance d'un grand-maître étranger, sans parler du préjudice réel que cette dépendance entraînait en mille occasions. Denis sollicita et obtint une bulle du pape Nicolas IV (1288), qui permettait aux chevaliers de nommer un grand-maître particulier pour le Portugal, avec la condition néanmoins que ce grand-maître serait subordonné à celui de Castille. Une seconde bulle de Célestin V confirma la première (1290), et le grand-maître du Portugal fut nommé. Celui de Castille fit une vive opposition; le pape Boniface VIII annula les bulles de ses prédécesseurs; et, comme nonobstant cette annulation, les Portugais persistèrent, Jean XXII ordonna au roi de destituer le grand-maître de son royaume. Denis, à son tour, fit des remontrances, envoya des ambassadeurs, et, après la mort du second grand-maître (1316), il en fit élire un troisième dans la personne de Pierre Escacho. Quatre ans après, le pape, mieux informé ou touché des raisons alléguées par Denis, confirma la nomination d'Escacho, qui s'occupa aussitôt, avec beaucoup de zèle, de réformer les abus nés de l'administration peu diligente du grand-maître de Castille. Au bout de quelque temps il adopta une bannière et un seing particulier au Portugal, et il ne tarda pas, soutenu par le roi, à faire prendre à l'ordre une position indépendante.

Quant à l'ordre des templiers, les chevaliers du Portugal ne partageaient pas les torts de leurs confrères de France, d'Italie, d'Allemagne, etc.; ils furent donc protégés par le roi contre la crise terrible et méritée dans laquelle leur ordre même succomba. Il est vrai que les rois du Portugal avaient toujours exercé sur eux une active surveillance, et qu'ils les avaient trouvés constamment prêts à les servir dans leurs guerres; tandis qu'ailleurs, en Espagne même, ils faisaient trembler les rois par leur puissance, leur nombre, leurs richesses et l'esprit de révolte qui semblait seul les animer. Quand l'évêque de Lisbonne et d'autres prélats furent chargés par Clément V de faire une enquête sur les mœurs des templiers, les évêques ne purent leur trouver aucun tort. L'opinion de Denis sur

leur compte était d'ailleurs fixée, et quoiqu'il
ne voulût pas heurter de front le pape, il ne
voulait pas non plus sacrifier des hommes
qui lui semblaient innocents. Il faut dire en
effet que les templiers portugais s'étaient toujours conduits avec beaucoup de réserve et de
sagesse. Leurs guerres continuelles avec les
Maures ne leur permettaient pas de se livrer aux
excès reprochés à leurs confrères, et malheureusement trop prouvés.

Cependant Denis avait fait commencer une
instruction contre les templiers qui, ne pouvant
prévoir comment elle tournerait, se cachèrent
ou se réfugièrent chez les Maures. Aussitôt après
leur départ, les officiers du roi prétendirent
que la plus grande partie des biens des templiers avait été distraite des domaines de la couronne et, en 1309 et 1310, intervinrent deux
jugements qui remirent le roi en possession
d'environ douze villes ou châteaux. Tous leurs
autres biens furent mis sous le séquestre. Denis
ne se borna pas à ces mesures ; il conclut avec
le roi de Castille Ferdinand IV, un traité par
lequel les deux rois s'engagèrent, en cas de
suppression de l'ordre incriminé, à s'emparer
de ses biens et à se soutenir mutuellement.
Jacques II, roi d'Aragon, avait été invité par
Ferdinand à entrer dans l'alliance, et comme
il se trouvait à peu près dans le même cas,
il accéda au traité.

Lorsque Clément V supprima définitivement

l'ordre en 1310, et qu'il donna tous leurs biens aux chevaliers de Saint-Jean, les trois rois d'Espagne ne se conformèrent pas à cette disposition. Le pape nomma des commissaires pour s'entendre avec eux sur l'emploi de ces biens. Denis ne voulut point du commissaire que le pape avait nommé pour le Portugal. Les négociations traînèrent en longueur pendant six ans. A la fin, Denis réussit à faire approuver sa conduite par le pape, de sorte que la bulle de suppression ne fit pas sortir des mains du roi les biens qu'il avait réunis au domaine. Quand l'orage se fut apaisé, les templiers rentrèrent en Portugal; le roi leur assigna des pensions de retraite. En 1319, Jean XXII ayant autorisé, pour le Portugal, la fondation d'un nouvel ordre militaire et religieux sous le nom d'ordre du Christ, tous les anciens templiers y entrèrent; l'ordre fut soumis à la règle primitive des templiers eux-mêmes; en d'autres termes, les templiers reçurent sous un autre titre une nouvelle existence. Tous les biens qui leur avaient appartenu leur furent rendus; on y ajouta même la ville de Castromarin, dans l'Algarve (1319).

Le succès que le roi venait d'obtenir par sa politique et sa prudence lui fit éprouver une grande satisfaction; elle aurait été plus complète, si des troubles domestiques n'avaient empoisonné les dernières années de sa vie. L'infant Alphonse avait reçu de la nature un naturel pervers, ou du moins facile à pervertir.

Telle n'était pas l'opinion du roi qui, trompé par sa propre tendresse, prétendait que tous les torts de l'infant provenaient moins de son cœur que des mauvais conseils qu'il recevait. Il est vrai que la reine de Castille, Marie, sa belle-mère, avait sur lui une fâcheuse influence, et qu'elle lui suggérait l'idée de s'emparer du gouvernement. D'un autre côté, on lui disait que son père voulait le priver de la couronne pour la transmettre à un fils naturel qu'il demandait au pape de légitimer.

Denis démentit cette dernière assertion, et il publia un manifeste dans lequel il se plaignait de la mauvaise conduite de l'infant. L'infant et ses partisans répondirent que le roi ne cherchait qu'à rendre son fils légitime odieux au peuple portugais, afin de préparer l'accession de son fils naturel. De telles récriminations devaient nécessairement amener une rupture; ce fut l'infant qui commença les hostilités; il entra en armes dans la province d'Entre-Duéro-et-Minho, maltraita ceux qui ne se déclarèrent pas pour lui, s'empara de Leyria par la trahison et s'approcha de Coïmbre. Le roi ne pouvait tarder davantage à repousser la force par la force. Denis reprit Leyria et punit sévèrement les rebelles; l'évêque d'Evora, par commission du pape, excommunia tous ceux qui troublaient la paix publique; deux agents du prince l'assassinèrent (1321). Le roi d'Aragon tâcha de réconcilier le père et le fils, et ses efforts furent superflus. La haine de l'infant s'accroisssait tous les jours, et malheureusement son parti recevait de nombreux renforts. Plusieurs places, Coïmbre elle-même, ouvrirent leurs portes. Le roi, rassemblant alors une armée considérable, marcha directement sur Coïmbre; l'infant accourut avec la sienne au secours de cette ville; et, malgré les efforts de la reine Isabelle pour empêcher un odieux combat entre son fils et son époux, une bataille sanglante fut livrée sous les murs de Coïmbre, mais la victoire y resta indécise: les rebelles, pour qui la défaite eût été un arrêt de mort, se battirent avec un courage digne d'une meilleure cause.

Cependant Isabelle ne s'était point rebutée, et, par ses démarches, ses prières, ses larmes, elle vint à bout d'amener, non une réconciliation (entre deux cœurs aussi aigris, elle était impossible), mais une suspension d'armes qui fut suivie d'un traité. Le roi cédait à son fils Coïmbre, Montemor-le-vieux et le bourg de Porto, partie seule fortifiée de cette ville; il augmenta aussi le revenu du rebelle, et promit le pardon à tous ses partisans. L'infant, de son côté, promit d'expulser les malveillants de ses domaines, de prêter serment de fidélité au roi pour les domaines qui lui étaient assignés, de se conduire en fils respectueux et soumis, etc. La réconciliation du roi et de l'infant fut célébrée dans toutes les villes du royaume; et quelque temps après, le roi se trouvant malade, (1322),

pria son fils naturel, Alphonse Sanchez, de se
retirer à Albuquerque qui lui appartenait, pour
ne pas exciter les soupçons. Alphonse Sanchez
obéit, mais quelques mois plus tard, poussé
par l'infant de Castille, il rentra dans le Portugal, et le roi lui permit d'y résider. L'infant en
conçut de vifs ressentiments, et il exhala son
dépit, en adressant à son père des demandes
exagérées. Sur le refus du roi, il reprit les armes.
La reine intervint encore, secondée par l'évêque
de Lisbonne; elle empêcha une explosion; Alphonse Sanchez fut éloigné de nouveau.

Peu de temps après, Denis tomba malade;
il est probable que le chagrin, non moins que
l'âge, aggrava son mal. La reine qui voyait
avec douleur s'approcher le terme de la carrière
de son époux, et qui, mère tendre autant
qu'elle fut bonne épouse, était aussi attachée
à l'infant, tout ingrat qu'il se montrait, la reine
se rendit à Santarem, où se trouvait ce dernier,
et lui annonça l'état critique de son père, L'infant parut assez ému; il partit même sur-le-
champ pour Lisbonne avec quelques serviteurs,
et se présenta devant le roi introduit par sa
mère. Denis le reçut avec bonté, l'assura qu'il
avait oublié tout à fait le passé, et lui donna
plusieurs fois sa bénédiction. L'infant le fit
transporter dans une litière à Santarem, dont
le roi aimait le séjour; et la réconciliation, à
cette heure suprême, parut franche et sincère;
elle le fut, du moins, du côté de Denis, qui,

sentant venir sa dernière heure, appela auprès de lui sa femme, l'infant, son petit-fils Pierre, tous les membres de sa famille, plusieurs prélats et seigneurs que l'intérêt qu'il inspirait avait amenés à Santarem, et leur adressa quelques mots où se peignit, pour cette dernière fois, toute la générosité de son âme. Il s'exprima même avec tant de calme, qu'on espéra qu'il se rétablirait; mais, quelques jours après, il fallut renoncer à cette espérance. Le 7 janvier 1325, il demanda lui-même les secours de l'Église, après quoi il dit encore quelques paroles à son fils, et il expira.

Alphonse, mauvais fils, mauvais frère, mauvais père, monta sur le trône sans aucune opposition, aussitôt après la mort de Denis; il n'en convoqua pas moins les Cortès à Evora pour s'assurer de la fidélité des anciens serviteurs de son père en exigeant d'eux le serment d'usage. Après avoir rempli ce premier objet de leur mission, les Cortès s'occupèrent du costume des Maures et des juifs qui peu à peu avaient pris le costume portugais, ce qui faisait disparaître toute différence extérieure entre les chrétiens et les infidèles; il fut enjoint à ces derniers de porter, à l'avenir, une marque distinctive à laquelle on pût les reconnaître. Le roi voulut ensuite que les Etats prononçassent l'exil d'Alphonse-Sanchez et la confiscation de ses biens; mais les Etats refusèrent de coopérer à un acte dont le roi voulait rejeter sur eux l'extrême injustice.

En vain Alphonse Sanchez écrivit-il à son frère dans les termes les plus soumis, protestant de sa future fidélité ; le roi persista dans sa haine jalouse contre le malheureux prince, qui mourut au surplus trois ou quatre ans après, ce qui, peut-être, épargna un crime au roi.

Afin de se maintenir en paix avec la Castille, Alphonse IV, de concert avec la reine Béatrix son épouse, travailla, non sans succès, à une double alliance entre les deux maisons ; Marie de Portugal devint l'épouse d'Alphonse XI (1328), et l'infant Pierre reçut la main de Blanche de Castille. Ce double hyménée ne produisit pas les fruits qu'on devait en attendre. Marie de Portugal, assez longtemps stérile, ne donna un fils au roi qu'en 1330. Dans l'intervalle le roi avait contracté une liaison criminelle avec Léonore de Guzman, qui l'avait rendu père et qui, par sa beauté, son esprit et ses grâces, s'était assuré sur son cœur un empire absolu. La reine délaissée se plaignit à son père ; mais sa belle-sœur, Blanche, n'était pas plus heureuse qu'elle ; non-seulement elle était d'une santé chancelante qui ne laissait pas espérer qu'on pût la voir mère, mais encore il était question de divorce, et le divorce fut en effet prononcé.

Cependant on voulait donner à l'infant Pierre une nouvelle épouse. On jeta les yeux sur Constance, fille du duc de Villena, Jean Emmanuel, le plus riche et le plus puissant seigneur de la Castille. Constance avait été déjà fiancée avec le

roi Alphonse XI en 1325 ; mais comme elle n'é-
était pas nubile, le mariage avait été ajourné.
La mésintelligence s'étant mise entre le duc
et le roi, Constance fut éloignée de la cour et
Alphonse épousa l'infante de Portugal. Le duc
reçut avec joie la proposition qui lui fut faite
pour sa fille, et les conventions du mariage ne
tardèrent pas à être rédigées ; le duc donnait une
dot immense en argent et contractait avec le
Portugal une alliance offensive et défensive.
Alphonse XI, que déjà le divorce de sa nièce avait
indisposé contre le Portugal, se montra extrêmement irrité, et il retint Constance en Castille.
Le roi de Portugal leva une armée et équipa
une flotte. Après quelques hostilités qui n'amenèrent aucun résultat décisif, la paix se rétablit
par la médiation du pape et du roi d'Aragon.

Il fut convenu que les conquêtes seraient res-
tituées de part et d'autre ; que Constance serait
libre de partir pour le Portugal, que Blanche
retournerait en Castille en conservant son dou-
aire, que le roi de Castille aurait pour sa femme
les égards qu'il lui devait, et qu'il renverrait
Léonore (ce qu'il ne fit point) ; le roi d'Aragon comme médiateur eut la faculté d'adhérer
à l'alliance dont l'un des principaux objets fut
de ne faire ni paix ni trêve avec les Maures sans
le consentement unanime.

On peut s'étonner de la facilité avec laquelle
Alphonse XI donna son consentement à une
alliance qui renfermait pour lui une double

injure ; mais il n'ignorait pas que l'émir de Fez faisait des préparatifs immenses pour une invasion générale dans la Péninsule ; qu'à une flotte formidable qui, dans une action extérieure, avait détruit la marine de la Castille, Aboul-Hassan joignait une armée innombrable de terre ; le secours du Portugal était donc nécessaire au roi de Castille puisque le Portugal seul avait des vaisseaux. Déjà plus de soixante mille Maures avaient débarqué sur les côtes de l'Andalousie, tellement persuadés que l'émir allait conquérir toute l'Espagne, comme au temps des premiers califes, qu'ils avaient amené leurs familles. Ce fut là ce qui rendit Alphonse si traitable. Constance conduite par son père fut remise aux seigneurs portugais qui étaient venus l'attendre à la frontière, et l'infortunée Blanche alla prendre le voile dans un couvent de Burgos.

Les rois de Fez et de Grenade ayant réuni leurs forces ne tardèrent pas à paraître devant Tarifa dont la garnison avait été heureusement renforcée. Alphonse XI avait armé quinze galères et douze vaisseaux, auxquels l'escadre portugaise, qui stationnait devant Cadix, avait reçu ordre de se joindre. Quand Aboul-Hassan vit les vaisseaux castillans dans le détroit, il craignit que ses communications avec l'Afrique ne fussent interceptées ; il se hâta d'entamer des négociations pour que la place de Tarifa lui fût cédée, tandis qu'une partie de son armée faisait le siége d'Arcos. Une violente tempête qui sépara les vaisseaux castillans et en fit périr plusieurs, releva ses espérances; et il ne songea plus qu'à s'emparer de Tarifa et d'Arcos par la force des armes. Le roi de Castille, de son côté, se convainquit qu'il fallait à tout prix secourir ces deux villes importantes qui étaient pour l'émir de Fez la clef de l'Andalousie; il invita les rois de Portugal et d'Aragon à se joindre à lui; la reine Marie se chargea d'engager son père à presser sa marche, et très-peu de temps après, en effet, Alphonse IV parut avec son armée devant Séville; le roi de Castille le reçut avec les plus grands honneurs. Douze bâtiments aragonais, sous les ordres de Pierre Moncada, arrivèrent vers le même temps et reçurent ordre de stationner à la hauteur de Tarifa.

Les deux rois quittèrent Séville de bonne heure et marchèrent à petites journées vers Tarifa, tant pour ne pas fatiguer leurs troupes que pour donner le temps à divers corps isolés de les rejoindre. En arrivant, ils renforcèrent encore la garnison, afin que lorsqu'ils attaqueraient les Maures de front, elle pût exécuter une vigoureuse sortie; le roi de Castille se chargea de combattre Aboul-Hassan et le roi de Portugal, de tenir tête à celui de Grenade (1340). Le jour où se livra cette mémorable bataille d'Arcos, de Tarifa ou de Rio Salado, nom d'une rivière auprès de laquelle elle s'engagea (1), les Castillans et

____

(1) Les chroniques désignent cette bataille par l'un ou l'autre de ces trois noms.

les Portugais reçurent des prélats qui suivaient l'armée, la communion et l'absolution. Ce n'était au surplus qu'en plaçant leur confiance dans le Dieu des armées que les chrétiens pouvaient espérer la victoire; on assure que les Maures et les Andalous réunis étaient au nombre de quatre cent mille fantassins et de quarante mille cavaliers, tandis que les deux rois n'avaient qu'environ soixante mille hommes dont dix-huit mille seulement étaient de cavalerie.

Un corps castillan, ayant forcé le passage de la rivière, s'empara d'une hauteur, et secouru à propos par la garnison de Tarifa qui prit les Maures à dos, s'introduisit dans le camp africain. Dès qu'Alphonse vit le combat engagé, il traversa la rivière avec le corps principal, et pendant quelque temps il se trouva exposé à un grand danger; son courage le sauva, en donnant le temps à toute l'armée de passer la rivière et de venir à son secours. Le roi de Portugal, de son côté, avait franchi le Salado et mis en désordre les Andalous; la garnison de Tarifa acheva de décider la victoire par une charge si vigoureuse que les Maures et les Andalous, se croyant attaqués de tous côtés par des forces bien supérieures, se mirent à fuir confusément, s'embarrassant les uns les autres, se heurtant, s'entre-choquant, se précipitant vers la seule issue qui leur restait, la route de la mer. Le roi de Grenade Jussef III, vivement poursuivi, parvint toutefois à s'échapper et il arriva à Marbella d'où il gagna péniblement Grenade ; Aboul-Hassan se sauva par Algésiras. On dit, qu'arrivé dans ses états, ce prince se fit remettre les listes de tous ceux qui avaient franchi le détroit et qu'il trouva que quatre cent mille individus manquaient ; on ajouta que soixante galères avaient été uniquement employées durant cinq mois à transporter les Africains en Espagne, et qu'après la bataille, il ne fallut que douze galères et quinze jours pour ramener en Afrique ceux qui n'étaient pas morts. On dit encore que, dans la bataille seule, deux cent mille Maures furent tués, tandis que les chrétiens n'eurent que vingt morts. C'est à peu près le même conte que les chroniqueurs ont fait au sujet de la bataille de las Navas de Tolosa.

Le butin que firent les chrétiens fut immense. Alphonse de Castille fit apporter devant lui toute sa portion, et il pressa son beau-père de choisir tout ce qui lui conviendrait. Le roi de Portugal qui, malgré ses défauts, n'était pas incapable de générosité, refusa noblement l'offre de son gendre, et ce ne fut que sur les vives instances de ce dernier qu'il accepta dans le butin un cimeterre orné de pierreries, et, parmi les prisonniers, les neveux d'Aboul-Hassan. Le roi de Castille l'accompagna jusqu'à la frontière en le comblant des preuves de sa gratitude ; la reine Marie se ressentit aussi de cet heureux événement ; car elle fut depuis ce moment traitée avec les plus grands égards. Quant au roi de Portugal, il dut être satisfait de la gloire qu'il avait acquise par son courage, et de l'admiration causée par son désintéressement ; le peuple portugais apprit lui-même à s'estimer en proportion de la part qu'il avait prise à une bataille qui, si elle se fût perdue, aurait pu compromettre le sort de toute l'Espagne.

Alphonse IV, vainqueur des Maures et en paix avec la Castille s'occupa exclusivement de l'administration intérieure de son royaume. Après avoir développé les ressources du pays, il favorisa l'accroissement de la population; il répara, autant qu'il le put, tout le mal qu'avaient produit les divisions intestines, et dont les traces se montraient encore, et quand un tremblement de terre eut dévasté Lisbonne en 1344, et qu'une peste meurtrière eut moissonné la population quatre ans après, ce fut, grâce à son activité, aux secours qu'il prodigua, aux encouragements qu'il donna, que ces terribles fléaux ne produisirent qu'un mal passager.

Les torts qu'Alphonse avait eus envers son père dans sa jeunesse, ceux qu'il se donna envers son épouse auraient été entièrement oubliés si, vers la fin de ses jours, il ne se fût laissé entraîner à un acte odieux que la politique semblait autoriser, mais qui n'en était pas moins un crime abominable. Lorsque Constance était venue en Portugal épouser l'héritier présomptif, elle avait amené, comme dame d'honneur, une de ses proches parentes, la belle et malheureuse Inès de Castro. L'infant n'avait pu voir Inès impunément, et il conçut pour elle une passion qu'il ne put cacher longtemps à Constance. Celle-ci, à force de douceur et de prudence, tâcha de ramener son époux; elle y gagna, sinon de conquérir son affection, du moins d'être traitée par son mari avec autant d'égard que si elle en eût été tendrement aimée; elle mourut à la fin de 1345 à la suite de couches; Ferdinand qui fut le successeur de Pierre était né dans le mois d'octobre, vingt ou vingt-cinq jours avant la mort de sa mère.

L'infant, libre d'un lien qui lui pesait, devint moins retenu dans sa conduite, et il refusa toutes les alliances qui lui furent proposées. Comme il avait eu d'Inès quatre enfants, on supposa qu'il l'avait épousée; et, chose inexplicable quand on rapproche ses dénégations absolues sur ce sujet à cette époque de ses déclarations postérieures, il soutint contre tous et contre son père lui-même qu'il n'était point l'époux d'Inès. Sans doute il craignit que les seigneurs portugais, déjà très-jaloux de la prédilection qu'il montrait pour les deux frères d'Inès, Ferdinand et Alvar de Castro, ne fissent succéder à la jalousie un sentiment plus haineux, s'ils apprenaient que ces deux favoris étaient ses beaux-frères. Il ne prévoyait pas à quels excès funestes cette jalousie même pourrait por-

ter les seigneurs portugais. Cependant la reine
sa mère, et l'archevêque de Braga l'avertirent
des manœuvres de quelques seigneurs auprès
du roi, lui firent entendre qu'on pourrait en
venir à quelque parti violent. Pierre s'imagina
que ces avis n'étaient que des moyens indi-
rects employés pour le détacher de sa maîtresse : ces avis n'étaient pourtant que trop fondés.

Les courtisans voyaient avec effroi la faveur
de l'infant se porter tout entière sur les deux
frères d'Inès, et s'étendre jusqu'à tous les
Castillans qui étaient venus à la suite de Constance, ou qui, depuis quelque temps venaient
en Portugal chercher un asile contre les capri-
ces cruels de Pierre, successeur d'Alphons XI.
Inès parut à leurs yeux la seule coupable de ces
préférences qui devaient finir, si l'infant montait sur le trône, par substituer ces étrangers
aux nationaux et à eux-mêmes dans les affections du souverain. La mort seule de cette
femme pouvait empêcher ce fâcheux résultat.
Mais pour se mettre à couvert des fureurs de
l'infant, ils voulaient que le roi les autorisât à
commettre le crime. Ils lui représentèrent que
le bien de l'Etat exigeait que l'infant se rema-
riât, puisque des fils de Constance il ne restait
que l'infant Ferdinand, d'une santé faible et
délicate ; que la passion de Pierre pour Inès était
un obstacle à l'accomplissement du vœu général ; qu'il était à craindre que les frères d'Inès,
qui jouissaient de toute la faveur de Pierre, ne

fissent périr le jeune prince pour assurer le trône à un fils d'Inès. Le roi ébranlé n'opposa que peu de résistance ; de nouvelles obsessions finirent par l'entraîner.

Le roi, accompagné d'Alvar Gonçalvez, de Pierre Coëlho, de Diégue Lopez Pacheco, et d'autres seigneurs portugais, se rendit à Coïmbre, où Inès demeurait avec ses trois enfants dans le couvent de Sainte-Claire. Pierre était alors absent. Inès épouvantée se jeta aux pieds du roi ; et celui-ci, ému par la douleur d'Inès, se retira sans avoir donné l'ordre fatal. Les conjurés redoublèrent d'instances ; ils craignaient, non sans raison que, le coup manqué, Alphonse lui-même ne les livrât aux vengeances de l'infant. Ils devinrent si pressants, mirent sous les yeux du roi tant d'imminents dangers, parlèrent avec tant d'apparente frayeur des murmures du peuple et du mécontentement des grands, que le roi vaincu finit par leur dire : faites ce qu'il vous plaira : ce fut l'arrêt de mort.

Lorsque Pierre, de retour de son voyage, ne trouva qu'un cadavre là où il avait laissé une femme qu'il idolâtrait, sa fureur ne connut point de bornes ; et, comme les meurtriers étaient protégés par son père, il courut aux armes pour pouvoir arriver jusqu'à eux. L'archevêque de Braga, pour qui l'infant avait toujours eu beaucoup de déférence, et les prières de sa mère qu'il aimait, parvinrent, non sans peine, à calmer ses transports ; une réconciliation, qu'on ne sait si on peut dire sincère, s'opéra entre le roi et l'infant; le premier promit amnistie à tous ceux qui avaient pris parti pour son fils; celui-ci promit oubli et pardon aux auteurs de la mort d'Inès; mais il était intérieurement peu disposé à oublier et à pardonner. A peine son père, qui ne survécut que de deux ans à ce meurtre inutile, eut-il fermé les yeux, que tout entier à sa vengeance, Pierre poursuivit les assassins, qu'il punit par d'affreux supplices.

Alphonse IV mourut le 28 mai 1357, regrettant le consentement qu'il s'était laissé arracher. Les historiens portugais, qui ont écrit sa vie et qui l'ont jugé, notamment Nunhez de Liâo, disent qu'on ne pouvait reprendre que deux choses dans ce souverain, d'avoir souillé sa jeunesse par sa révolte contre son père, et taché ses dernières années du sang de l'innocente Inès. *Nao havia em el rey dom Alfonso que reprehender senao maculata sua mocidade com as desobediencias contra seu pai, e veilhice com o sangue da innocente d. Ines.* Ce qui paraît certain, c'est qu'Alphonse IV accueillit toujours les vœux du peuple transmis par les cortès qu'il réunit plusieurs fois à Evora, à Santarem, à Coïmbre, à Lisbonne, qu'il remédia autant qu'il le put aux maux qu'on lui fit connaître, et qu'il publia, sur divers points d'administration, un grand nombre de lois que, depuis, on a réunies dans les divers codes qui ont été promulgués.

CHAPITRE V.

PIERRE Ier, FERDINAND.

(De 1357 à 1383.)

Le Portugal jouissait d'une paix profonde, œuvre d'Alphonse IV, lorsque Pierre monta sur le trône. Son premier soin fut de resserrer les liens qui unissaient son royaume à celui de Castille, afin de maintenir cette paix dont la continuation était si nécessaire à la nation qu'il était appelé à gouverner. Un traité d'alliance offensive et défensive fut conclu entre les deux Pierre. Celui de Portugal promit même à celui de Castille, par une clause expresse, de le soutenir contre le roi d'Aragon. On ne sait si ce fut par quelque clause secrète de ce traité, ou par un traité postérieur fait à l'occasion du secours que le roi de Castille demanda à son allié, qu'il fut question de l'extradition réciproque des réfugiés; ce qui est certain, c'est que ce dernier promit de livrer plusieurs nobles castillans, et qu'en revanche il exigea qu'on lui remît les assassins d'Inès de Castro. Les chevaliers castillans furent décapités à Séville; Alvar Gonçalves et Pierre Coëlho furent conduits à Santarem pour y subir le plus cruel supplice. A la peine de mort qui fut prononcée, Pierre ajouta l'ordre d'arracher le cœur aux deux condamnés vivants et de brûler leurs membres palpitants (1). Le troisième accusé du meurtre d'Inès, Lopez Pachéco, fut averti, dit-on, par un mendiant du danger qui le menaçait; et couvert des haillons de ce malheureux, il parvint à gagner l'Aragon, d'où il passa en France.

Ce n'était pas assez pour le roi que d'avoir immolé ces deux hommes aux mânes d'Inès, il voulut aussi la venger dans son honneur. En conséquence, il convoqua dans Castanhède où il se trouvait, une assemblée nombreuse composée des membres de son conseil, de seigneurs, de chevaliers et de notables personnages, et il

(1) L'horrible sentence fut exécutée. On lit dans la *Chronique des rois de Portugal* d'Acenheiro, que Gonçalves dit au bourreau, au moment où celui-ci se disposait à lui ouvrir la poitrine : « Tu vas trouver un cœur fort comme le cœur du taureau, et fidèle comme le cœur du cheval. » On ajoute que Pierre était à table devant une croisée du palais, au moment où on brûla les deux cadavres. Quant à Pachéco, il fut accueilli en France par Henri de Transtamare, ce frère naturel de Pierre de Castille, destiné à monter un jour sur le trône en passant sur le cadavre de son frère. Pierre de Portugal, sur son lit de mort, reconnut l'innocence de Pachéco. Soit qu'il crût que Pachéco n'avait pas trempé dans le crime, soit que, dans ce moment suprême, il voulût pardonner, il ordonna que le jugement de condamnation fût cassé, et qu'on le réintégrât dans tous ses biens. Ferdinand, fils et successeur de Pierre, se conforma aux volontés paternelles.

déclara publiquement qu'il avait épousé Inés à Bragance, sept ans auparavant ; qu'il n'avait pas voulu publier cette union du vivant de son père dont il se méfiait, et qu'il craignait *por receio e temor que del havia*... qu'il faisait cette déclaration pour satisfaire à sa conscience. Trois jours après, une information eut lieu à Coîmbre devant trois seigneurs et le garde des archives du royaume. L'évêque de Guarda déclara, qu'ayant été appelé à Bragance dans le palais de l'infant, il l'avait uni en mariage avec Inès de Castro, suivant les rites de l'Eglise. Un second témoin, qui était officier de la maison de l'infant, déclara qu'il avait assisté au mariage comme témoin. L'enquête terminée, plusieurs prélats, des seigneurs, des nobles, des ecclésiastiques, et beaucoup d'autres personnes entrèrent dans la salle ; on leur rapporta tout ce qui avait eu lieu, la déclaration et le serment du roi sur l'évangile, la déposition de l'évêque et celle de l'officier du palais ; à tout quoi, on ajouta l'exhibition d'une bulle du pape qui accordait les dispenses nécessaires à raison de la parenté (1).

(1) Parmi les assistants, quelques-uns crurent à la réalité du mariage ; d'autres en doutèrent, prétendant qu'il n'était supposé que pour rendre les fils d'Inès capables de succéder au trône, soit après Ferdinand, soit même à son préjudice. Cependant Pierre, dans son testament et la veille même de sa mort, donnait à Inès le nom d'épouse. La reine, mère de Pierre, avait reconnu depuis plusieurs années la légitimité des enfants d'Inès ; dans son testament de l'an 1548,

Quand l'assemblée se fut séparée, le roi ordonna de transporter le corps d'Inès au couvent d'Alcobaza, où reposent les rois de Portugal. Il lui fit élever un très-beau mausolée de marbre blanc. La translation du corps eut lieu avec beaucoup de pompe, et on rendit les plus grands honneurs à ces restes, à demi - dévorés par le temps.

Cependant Pierre ne négligeait pas les intérêts du peuple, tout en sacrifiant à ceux de son cœur. Il n'ignorait pas que des plaintes graves s'élevaient contre les magistrats de plusieurs parties du royaume. Il crut nécessaire de convoquer les états du royaume, qui se composèrent des infants, de tous les prélats, abbés et prieurs du royaume, de tous les seigneurs ou Ricoshomens, de tous les nobles ou Hidalgos, et des députés des villes et des communes. Ces derniers présentèrent, par écrit ou de vive voix, leurs doléances. Le clergé présenta aussi les siennes. Le roi répondit à tout, après avoir pris l'avis de ses conseillers. Les cortès d'Elvas (c'est le nom de la ville où elles furent tenues, (1361,) s'occupèrent principalement des malversations des magistrats, de leur abus de pouvoir et de leur empiétement sur les droits des communes. La discussion roula aussi sur les moyens de détruire les obstacles qui s'opposaient au déve-

elle leur donne le titre d'infants, et certes, elle ne l'eût pas fait si elle n'avait été bien convaincue de leurs droits ; car elle avait des principes de conduite très-sévères.

loppement du commerce et de l'agriculture. Le
roi fit droit sur-le-champ aux réclamations; ce
qui prouve assez qu'elles étaient fondées. Une
infinité de mesures d'intérêt local furent pareillement prises par le roi. L'administration
exacte de la justice fut encore l'objet de l'attention minutieuse de Pierre. La réforme s'introduisit partout, jusque dans les plus petits
détails, Pierre améliora beaucoup de pratiques;
il craignit pourtant d'abolir la question; mais
il en restreignit l'usage à certains cas prévus
spécialement par la loi. C'était un grand pas
de fait vers une législature sage et humaine.

Dans un moment d'humeur contre les avocats
et procureurs qui éternisent les procès, et dé-
vorent la substance des plaideurs, Pierre avait
supprimé l'emploi des avocats dans les procès,
et défendu, sous des peines sévères, l'exercice
de cette profession. Les cortès d'Elvas obtinrent
la rétractation de cette ordonnance; il fut seulement stipulé que les personnes d'un rang
élevé et jouissant d'une grande influence, ne
pourraient, sous aucun prétexte, se faire avocats,
de peur sans doute que l'ascendant de leur nom
n'entraînât les juges au-delà de leur devoir. Il serait trop long au surplus de rapporter toutes les
mesures législatives ou administratives qui furent prises par les cortès. Seulement on peut dire
que jamais le Portugal n'avait eu d'assemblée
qui embrassât autant d'objets divers, où plus
d'abus eussent été signalés, où l'on eût cherché

avec plus de bonne foi à y appliquer un remède.

Quelques écrivains ont donné à Pierre le surnom de cruel, de même qu'au roi de Castille son contemporain et son homonyme; ils se sont fondés sur le supplice qu'il fit subir aux meurtriers d'Inès; mais ici ce n'est pas l'homme, ce n'est pas le roi qu'il faut juger; c'est l'amant, l'époux passionné que des hommes, véritablement cruels, ont privé par un crime de l'objet de ses plus chères affections, par un crime pour lequel on cherche en vain un motif dans la raison d'État, et qui n'eut pour cause qu'une vile et basse jalousie de crédit et de pouvoir. D'autre part, le supplice paraît atroce, et nous n'entendons pas le justifier; mais il est bon de dire qu'il est beaucoup moins cruel au fond qu'on n'est d'abord tenté de le croire, et qu'il est beaucoup de supplices qui font souffrir plus et plus longtemps. L'appareil effraie l'imagination; mais comme il est impossible qu'un homme privé de cœur puisse vivre un seul instant, nous croyons que le malheureux qu'on tire à quatre chevaux, qu'on tenaille, qu'on rompt tout vif souffre cent fois plus que celui à qui on arrache le cœur.

Ce qu'il faut dire de Pierre, c'est que, excepté dans cette circonstance où la passion outra son caractère, il se montra d'une inflexible sévérité contre quiconque violait les lois, à quelque classe qu'il appartînt, quelques fonctions qu'ils exerçât; que plus, au contraire, le

coupable était haut placé plus il se montrait ri-
goureux. Le seul tort qu'on lui impute, c'est
qu'entre l'idée qu'il prenait d'un fait, le jugement et l'exécution, il ne mettait point d'intervalle. On prétend que plus d'une fois, dans son
indignation exagérée contre le coupable, il ne
dédaigna point de le punir de sa propre main.
Ce fut ainsi, dit Lopez dans sa chronique,
qu'ayant fait venir dans son palais l'évêque d'O-
porto qu'on accusait d'un crime, il le fustigea
de sa main avec tant de violence qu'il l'aurait
infailliblement tué si quelques-uns de ses conseillers, étant survenus, n'étaient venus à bout
d'apaiser sa colère. Vainement les clercs invo-
quaient leur privilége; Pierre ne reconnaissait
point de privilége quand la loi avait été violée.

La chronique de Nunhez de Liâo rapporte, à
ce sujet, un fait trop caractéristique pour que
nous l'omettions ici. Pierre étant à Evora, une
femme de Santarem vint se plaindre à lui de ce
qu'un ecclésiastique de cette ville avait assassiné
son mari, et qu'elle n'avait pu obtenir justice.
Le roi lui promit de la lui rendre à son premier
voyage à Santarem. Pierre s'étant rendu dans
cette ville peu de temps après, prit sur le fait
quelques informations, et convaincu que malheureusement le crime n'était que trop réel, il appela un tailleur de pierre qu'il rencontra dans
une rue, et qui lui parut vigoureux et robuste;
il lui ordonna d'aller tuer le prêtre coupable,
lui recommanda le secret et lui donna sa parole

royale qu'il ne lui arriverait rien de fâcheux,
mais qu'il devait prendre ses mesures pour que
le prêtre n'en revînt pas. Le tailleur de pierre
obéit, fut arrêté et emprisonné; mais le roi déclara qu'il se réservait de prononcer définitivement. Tout le temps que dura le procès, la veuve
de Santarem, par ordre exprès du roi, apportait à
manger au tailleur de pierre. L'instruction terminée, les juges, bien convaincus que le meurtrier méritait la mort, envoyèrent les pièces au
roi par les *Désembargadors* (rapporteurs du procès), ainsi qu'il l'avait ordonné. Le roi se fit lire
les pièces, et comme il n'était fait nulle part mention de l'homme que le prêtre avait tué, il demanda, comme s'il l'eût ignoré, si le prêtre n'aurait pas lui-même commis quelque crime capable
d'armer contre lui le meurtrier. On lui répondit que le prêtre avait assassiné un laïque,
mais qu'il avait déjà subi sa peine. Eh! quelle
peine lui a-t-on infligée, demanda le roi. — Le
tribunal ecclésiastique lui a interdit les fonctions cléricales. Fort bien, répliqua le roi,
mais puisqu'un clerc, pour tuer un laïque n'en-
court que la peine d'être suspendu de ses fonctions, il me semble que lorsqu'un laïque a tué
un clerc, il est juste de suspendre le laïque des
siennes. Après ces mots, il prononça la sentence qui défendait au tailleur de pierre, sous
peine de mort, de reprendre son métier. Ensuite
il ajouta qu'il ne fallait pas pourtant laisser
mourir de faim le condamné; en conséquence,

le tailleur de pierre épousa la veuve, et le roi leur assura des revenus suffisants pour leur tenir lieu du produit présumé de leur travail.

Dans une autre occasion, deux jeunes gens, qui avaient été au service du roi, furent convaincus d'avoir assassiné un marchand juif sur la grande route et de l'avoir volé. Pierre les fit amener en sa présence, et leur reprocha amèrement leur crime. On remarqua que le roi avait en parlant les yeux pleins de larmes; son amour pour la justice combattait dans son cœur l'affection qu'il avait eue autrefois pour les coupables; on intercéda vivement pour eux; mais ni les instances des parents, ni sa propre émotion ne purent le déterminer à interrompre le cours de la justice; les deux *fidalgos* perdirent la vie sur l'échafaud. « La peine que les hommes redoutent le plus, disait souvent Pierre *le Justicier* (c'est ce surnom que ses contemporains lui donnèrent), c'est la mort. Si la crainte de la mort ne les empêche pas de commettre un crime, que sera-ce donc des autres peines? » Ces sages paroles du roi de Portugal devraient être souvent méditées par ces prôneurs de philantropie meurtrière, qui voudraient effacer de nos codes la peine de mort.

Il faut dire encore, pour rendre à la vérité un entier hommage, que les rigueurs de Pierre ne tombaient guère que sur des hommes qui, par leur naissance, leurs charges ou leurs emplois, pouvaient se croire au-dessus des lois; et cela, je le fais, disait-il, pour que le peuple ne pense pas que les lois ne sont faites que pour lui. Ce prince qu'on a taxé de cruauté, était chéri par le peuple, se mêlait à lui dans ses jeux, dans ses fêtes, et surtout dans ses danses; car il aimait beaucoup la danse. Il n'aimait pas moins la chasse; mais ni le plaisir de la chasse, ni le tumulte des fêtes ne lui faisaient perdre de vue son objet favori: l'administration prompte de la justice sans acception de personnes. Pierre n'était pas seulement justicier. il était libéral; il ne sortait jamais sans distribuer d'abondantes aumônes; et ce mot tant et si justement vanté de Titus, était aussi le mot de Pierre dit *le cruel: le jour où un roi ne donne rien, ce roi n'est pas digne de son titre.* Et cependant malgré sa libéralité, Pierre fit de grandes économies, et il augmenta le trésor de son père, dit Nunhez de Liâo, sans pour cela, grever le peuple par de nouveaux impôts, ajoute la chronique de Lopez.

Lorsque, par une révolution subite, Pierre de Castille, tout couvert de sang, eut été renversé de son trône et remplacé par son frère naturel Henri de Transtamare, fils de cette infortunée Léonore de Gusman, qu'après la mort de son père Pierre avait fait traîtreusement périr, obligé de quitter Tolède, Séville et l'Espagne il crut qu'en vertu des traités existants, il trouverait un allié dans le roi de Portugal, qui d'ailleurs était son neveu. Il se rendit donc par Serpa à Coruche, et fit annoncer au roi son arrivée.

Celui-ci, embarassé par la fâcheuse présence de cet hôte qu'il n'attendait pas, ne voulant pas prendre un parti décisif sans l'aveu des grands du royaume, convoqua une assemblée où ils furent tous appelés, conjointement avec ses conseillers ordinaires. Les avis furent partagés; mais ceux qui opinèrent pour refuser toute intervention en faveur du roi détrôné, l'emportèrent sur ceux qui prétendaient le secourir. On fit valoir que les forces du Portugal ne suffisaient pas pour remettre sur le trône, un prince qui avait révolté contre lui tous ses sujets; que d'ailleurs Henri était déjà en possession du royaume ; qu'une guerre, entreprise dans ces circonstances, ne pouvait être que nuisible au Portugal ; que d'ailleurs l'infant Ferdinand héritier présomptif était neveu du nouveau souverain qui avait épousé une sœur de sa mère Constance. Le conseil fut même d'avis de renvoyer en Espagne l'infante Béatrix qui était fiancée à l'infant et que celui-ci ne voulait pas épouser. Pierre-le-Cruel fut alors réduit à demander un sauf-conduit pour se rendre en Galice où il comptait encore quelques partisans, ce qui lui fut accordé. D'un autre côté Henri chercha à s'assurer l'alliance du Portugal, et pour prix du traité qu'il conclut avec Pierre Ier, il ménagea un rapprochement entre ce dernier et le roi d'Aragon.

Pierre ne jouit pas longtemps du fruit de ces derniers traités qui assuraient à son peuple une paix durable ; il mourut au bout d'un règne de dix ans, et il emporta les regrets universels; car, dit Lopez dans sa chronique, on disait que jamais le Portugal n'avait eu dix ans de prospérité pareils à ceux qui venaient de s'écouler « *E diziam as gentes que taes dez annos numca ouve em Portugal, como estes que reinara el rei dom Pedro.* » Peu de souverains, en effet, meurent avec la consolation de laisser leurs états dans une situation florissante; cette consolation ne manqua pas au prince dont nous venons d'esquisser l'histoire d'après les documents contemporains. C'est au lecteur maintenant de juger, entre les deux surnoms qu'on lui donne de *cruel* et de *justicier*, quel est celui qu'il mérite le mieux.

Ferdinand montait sur le trône sous d'heureux présages. Le Portugal était en paix, le peuple heureux, le trésor riche ; lui-même avait d'excellentes qualités, mais il manquait de fermeté, d'esprit de conduite, de force d'âme. Il n'était âgé que de vingt-deux ans; son extérieur prévenant, ses manières nobles et en même temps gracieuses, sa belle taille, sa démarche assurée, tout semblait en lui annoncer un homme supérieur aux autres. Sa force physique était prodigieuse, et son adresse égalait sa force. Aussi excellait-il dans tous les jeux qui demandent force et adresse. Il aimait la chasse avec une passion extrême. S'il voulait s'occuper des travaux du gouvernement, il y déployait du zèle et de l'intelligence ; s'il formait un plan, il trouvait de suite dans ses propres ressources des moyens d'exécution ; mais il n'avait nulle constance ; il abandonnait un dessein aussi facilement qu'il l'avait conçu, de sorte qu'il n'exécuta jamais rien, ce qui l'empêcha d'acquérir l'expérience. Pour comble du mal, il avait beaucoup de présomption, et il ne tenait aucun compte de l'avis des autres. Le mal aurait été moins grand, si sa propre opinion, bien mûrie d'avance, avait eu quelque stabilité ; mais nous avons dit qu'il manquait tout à fait de persévérance , défaisant le matin ce qu'il avait fait la veille. Pour ne donner qu'une preuve de cette versatilité, qu'il suffise de dire que sa fille Béatrix fut cinq fois fiancée à cinq différents princes, et qu'elle n'épousa aucun d'eux.

Aussitôt après son avénement, Ferdinand renouvela les anciens traités du Portugal et de l'Aragon. Henri de Castille aurait bien voulu aussi renouveler ceux qu'il avait faits avec Pierre Ier ; mais le moment n'était pas favorable ; Pierre-le-Cruel , secouru par le fameux prince Noir, avait gagné sur Henri la bataille de Najera, qui avait replacé la couronne sur sa tête. Henri avait été même obligé de fuir de la Castille. Ferdinand ne crut pas devoir lui fournir de secours, de peur d'attirer sur lui les armes réunies des Anglais et des Castillans. Mais lorsque Henri, s'abandonnant à la vieille expérience du célèbre Duguesclin, fut parvenu à reprendre le sceptre

des mains de son frère (1), Ferdinand contre
toute attente se déclara contre le vainqueur. Il
avait un but qu'au surplus il ne se mettait pas
en peine de cacher; car, traitant d'usurpateur le
nouveau souverain et se prétendant appelé à la
succession de son oncle, il prit le titre de roi de
Castille, et pour se faire un parti en Castille,
comme il l'avait déjà dans la Galice où presque
toutes les villes, la capitale comprise, l'avaient
reconnu, il distribua aux grands et aux nobles
Castillans des titres, des priviléges et même des
domaines en Portugal; ce qui lui fit, il est vrai,
quelques amis dans ce royaume étranger, et
produisit beaucoup de mécontents dans le sien.

Ferdinand ne se borna pas là. Afin d'augmenter ses chances de succès, il fit un traité
secret avec le roi de Grenade, qui promit
de faire diversion du côté de Séville. Ensuite il

___

(1) Henri et Pierre, dit-on, s'étant rencontrés, se précipitèrent l'un contre l'autre, se saisirent corps à corps,
cherchant à se tuer, et ce fut Pierre qui succomba
dans cette lutte impie. Henri avait un trône à conquérir,
sa vie à défendre, et sa mère à venger. Nous ne donnons
cette version que comme un on dit; car il y a autant de
versions différentes qu'il y a de vieilles chroniques. Ce qui
paraît vrai, c'est que Pierre, assiégé dans le château de
Montiel, ayant tâché de se sauver, fut reconnu, pris et
assassiné. Dans un autre ouvrage (Histoire d'Espagne, tom. ii),
nous n'avons pas craint de démentir l'anglais Dunham, qui
n'hésite pas à dire que Duguesclin avait attiré Pierre dans
sa tente pour le faire assassiner. Un Anglais seul était capable de vouloir souiller la mémoire d'un preux chevalier
tel que Duguesclin.

demanda au roi d'Aragon la main de sa fille Léonore qu'on lui promit, et en faveur de ce mariage un nouveau traité fut conclu entre les deux souverains. Le roi d'Aragon s'obligeait à faire la guerre avec toutes ses forces à l'usurpateur pendant l'espace de deux années, et il reconnaissait son gendre comme roi de Castille, à la condition que le royaume entier de Murcie, avec quelques villes de la Castille, seraient réunis à sa couronne, et que pour l'aider à se maintenir, Ferdinand lui fournirait un secours de quinze cents chevaliers qu'il entretiendrait à ses frais.

Ferdinand commença par entrer dans la Galice, afin de s'assurer toutes les places de cette province; mais obligé de mettre dans toutes des garnisons, il affaiblit tellement son armée, que lorsque Henri se présenta, il fut obligé de se retirer à la hâte. Henri à son tour envahit le Portugal, s'empara de Braga, et ravagea tous les environs. Il avait commencé le siége de Guimaraens, lorsqu'il apprit que Mohammed de Grenade avait pénétré dans la province de Séville et repris l'importante ville d'Algésiras, de laquelle son père Alphonse avait eu tant de peine à se rendre maître. Cette nouvelle fâcheuse contraignit Henri de rentrer dans ses états; mais Ferdinand ne sut point profiter de cette retraite; il licencia une partie de son armée, quoiqu'elle ne demandât qu'à combattre. Il s'était imaginé que des vaisseaux lui seraient plus utiles que ses bataillons. Il équipa une flotte de quarante-cinq

ou cinquante bâtiments, et cette flotte, remontant le Guadalquivir, arriva jusqu'en vue de
Séville, commit quelques dégâts, essuya de
grandes pertes, et s'en retourna sans avoir rien
fait.

Le roi de Grenade, mécontent de son allié,
convint d'un armistice avec Henri; le roi d'Aragon qui, avant de prendre une part active à
la guerre, voulait voir quelle direction rece-
vraient les événements, s'excusa sous divers prétextes de n'avoir pas fait encore marcher ses troupes, et il garda sa fille Léonore que Ferdinand
réclamait, alléguant que la dispense du pape n'é-
tait pas arrivée. Ferdinand se montra très-indiffé-
rent à ce refroidissement du roi d'Aragon. Peut-
être même en fut-il bien aise; car ses desseins a-
vaient déjà changé, et ce fut avec Henri de Castille
qu'il s'allia sans en avoir prévenu le roi d'Aragon.
Il alla plus loin, et bien qu'il se fût en quelque
sorte engagé à épouser la fille de ce dernier, ce
fut Léonore de Castille qui lui fut destinée. Le
roi d'Aragon se vengea, en séquestrant ou plutôt
en confisquant une forte somme d'argent que
Ferdinand avait laissée ou placée dans l'Aragon.

Les guerres sans motif, les armements mari-
times, la perte de cette dernière somme épui-
sèrent le trésor royal que Pierre-le-Justicier avait
laissé très-riche. Ferdinand se trouva réduit aux
expédients; il eut recours à l'altération des monnaies, changea le titre et le poids de toutes les
pièces d'or et d'argent, il en éleva considérable-

ment la valeur. Ces mesures excitèrent tant de plaintes que Ferdinand crut devoir y porter remède, remède pire encore que le mal ; car les monnaies, réduites tout d'un coup de près de la moitié de leur valeur nominale, laissèrent un vide réel non-seulement chez les particuliers, mais encore dans les caisses publiques. Les denrées montèrent subitement à des prix excessifs ; elles furent taxées, et cette mesure entraîna de nouveaux inconvénients. Il fallut ordonner que tous les grains, emmagasinés chez les fermiers et les propriétaires, seraient vendus; les récoltes pendantes furent même soumises à une sorte de séquestre, pour qu'on ne pût en détourner le produit. L'effet de toutes ces manœuvres causa la ruine d'une infinité de familles, et diminua la fortune de toutes les autres.

Cependant le terme de cinq mois qui avait été déterminé pour le mariage de Ferdinand avec la fille de Henri, était près d'arriver, et Ferdinand avait déjà oublié sa fiancée. La sœur du roi, Béatrix, avait au nombre de ses dames d'honneur Marie Telles, épouse d'Alvar Diaz de Sousa, riche seigneur portugais. Cette dame avait une sœur, femme de Jean Laurent da Cunha, remarquable par les grâces de sa personne et sa grande beauté. Le roi, l'ayant un jour aperçue chez Béatrix, en devint éperdument amoureux; et l'épouse de Jean da Cunha, éblouie par l'aspect d'une couronne que Ferdinand lui faisait entrevoir, se prêta volontiers aux désirs effrénés du roi qui, au mépris de ses engagements avec Léonore de Castille, de ses devoirs envers un serviteur loyal et fidèle, de la décence et de l'opinion publique, arracha sans peine à des juges complaisants une sentence de divorce, et malgré la manifestation peu équivoque du mécontentement général (1), épousa Léonore dans le couvent de Leça en présence de quelques grands et de quelques prélats.

La nouvelle reine ne pouvait ignorer combien elle était odieuse au peuple de Lisbonne; elle tâcha de le gagner à force de largesses; elle y réussit en partie; ensuite elle s'occupa d'élever ses parents, ses amis, ses créatures. Quant à ses ennemis, elle les força par la crainte à garder le silence et à dissimuler leurs ressentiments. De son côté, Ferdinand, se mettant peu en peine d'apaiser le roi de Castille, fit un traité d'alliance (1372) avec le duc de Lancastre, fils d'Edouard III d'Angleterre, lequel avait épousé Constance, fille de Pierre-le-Cruel, et qui, à raison de ce mariage, prétendait à la couronne de Castille; et l'inconséquent Portugais, oubliant qu'il avait eu lui-même des prétentions semblables, promit de seconder de tout son pouvoir les projets de Lancastre; il stipulait à la vérité,

_____

(1) Il y eut à Lisbonne une émeute sérieuse; le roi fut obligé de se montrer et de promettre qu'il n'épouserait pas Léonore; mais dans la nuit il partit avec elle pour Santarem. Des troupes furent envoyées à Lisbonne; il y eut des arrestations et des supplices.

pour prix de sa coopération, la cession de quelques villes et cantons de la Castille.

Henri ne tarda pas à être informé de ce qui s'était tramé contre lui; avant d'éclater, il voulut pourtant essayer de ramener Ferdinand à l'observation des traités existants; Ferdinand persista. Henri bien convaincu que le succès pour lui dépendait de la diligence, et qu'il ne devait pas attendre que les Anglais se fussent réunis aux Portugais, se mit en marche dès le mois de décembre, envahit le Portugal, prit Almeyda, Pinhel, Linharez, Selorico et Viseu. Dans cette dernière ville, l'infant Denis, fils naturel de Pierre-le-Justicier, vint se joindre à lui avec une troupe de mécontents. Les grands-maîtres de Calatrava et de St.-Jacques lui amenèrent leurs chevaliers à Coïmbre. Ferdinand aurait quitté cette ville à l'approche des Castillans, mais la reine qui venait de mettre au monde une fille (l'infante Béatrix) n'avait pu le suivre. Henri, par égard pour elle, laissa Coïmbre et marcha sur Lisbonne; sans vouloir même s'arrêter pour prendre Ferdinand dans Santarem où il s'était réfugié avec une poignée de soldats.

Quand les habitants de Lisbonne virent l'armée de Castille au pied de leurs murailles, et l'escadre ennemie maîtresse du port, la consternation devint générale. Toutefois on essaya de quelques moyens de défense. Les habitants s'étaient réfugiés dans la ville, et comme quelques maisons les gênaient pour leurs sorties, ils y mirent le feu. Les Castillans suivirent ce dangereux exemple et toute la ville basse devint la proie des flammes. Dans le même temps les seigneurs de la Galice ravageaient les provinces septentrionales du Portugal. Le cardinal légat que le pape avait envoyé aux premières nouvelles de cette guerre, parvint non sans peine à faire cesser les hostilités. Je ne veux point la guerre, disait Henri; mais je veux une paix solide, à l'abri de l'inconstance et de la légèreté du roi de Portugal. Les conditions de la paix furent en conséquence dictées par He ri et humblement acceptées par Ferdinand : paix perpétuelle entre les deux royaumes, union des deux souverains avec le roi de France contre le roi d'Angleterre et le duc de Lancastre, refus aux Anglais, qui viendraient aborder en Portugal, de toute espèce de secours, expulsion des seigneurs castillans réfugiés, amnistie pour l'infant Denis et ses partisans, mariage de Béatrix sœur de Ferdinand, avec Sanche (1) frère du roi Henri : telles furent les principales questions du traité, pour l'exécution duquel Ferdinand fut obligé de donner des otages et de remettre quelques places au roi de Castille pour l'espace de trois années.

Le roi de Portugal voulait profiter de la paix qu'il venait de conclure pour déclarer la guerre

(1) Ce prince mourut un an après son mariage, laissant Béatrix enceinte d'une fille qui épousa le roi d'Aragon.

au roi d'Aragon qui retenait toujours les sommes dont il s'était emparé. Mais les intrigues qui troublèrent sa famille et sa cour, produites par la jalouse ambition de la reine, le firent renoncer à ce projet presque ausitôt qu'il l'eut conçu. L'infant Jean, fils naturel de Pierre-le-Justicier et de Thérèse Lorenzi, s'était épris d'une vive passion pour la sœur de la reine Marie Telles, veuve depuis quelque temps, encore jeune et non moins belle que sa sœur, mais plus vertueuse. Comme elle résistait aux poursuites de l'infant, celui-ci n'étant plus maître de son cœur finit par l'épouser. Léonore n'ignorait pas que les brillantes qualités de l'infant lui avaient acquis l'affection des Portugais; elle craignit que, si Ferdinand venait à mourir, les droits de sa fille ne fussent en danger; car ce mariage donnait pour partisans à l'infant tous les parents, tous les amis de la famille de Telles, à l'exception du comte Jean Alphonse, son frère, qui lui était particulièrement dévoué. La reine confia ses craintes à ce dernier qui les partagea, et il fut résolu entre eux qu'il fallait perdre leur sœur et l'infant lui-même.

L'infant aimait tendrement sa femme, mais il était d'un naturel jaloux; ce fut sur la connaissance de ce fait que les deux conjurés fondèrent l'espoir du succès. Ils ne réussirent que trop bien; l'infant, dans un horrible accès de jalousie poignarda son innocente femme;

tourmenté ensuite par le regret, le remords, la crainte du couroux de Ferdinand, l'infant erra quelque temps dans les montagnes, et quoique le roi et la reine lui eussent pardonné, il finit par se sauver en Castille et fut ensuite appelé à Séville par le roi Henri qui lui fit épouser une de ses filles (1378).

Après le décès de Henri qui mourut l'année suivante et l'avénement de Jean 1er sur le trône de la Castille, Ferdinand, qui avait déjà promis sa fille Béatrix âgée de 8 ans au duc de Bénévent, l'offrit au roi de Castille pour son fils Henri qui devait être un jour son héritier. Le mariage fut arrêté et ratifié par les états de Castille et problablement aussi de Portugal: car Jean Ier envoya pour cela des plénipotentiaires à Lisbonne: mais à peine ce traité venait-il d'être conclu que Ferdinand annonça aux membres de son conseil son intention de déclarer la guerre au roi de Castille. On eut beau lui faire les représentations les plus sages et les plus énergiques; son parti était pris et rien ne fut capable de le faire changer de sentiment. Par le moyen d'un sujet castillan nommé Andeyro, expulsé du Portugal par suite du traité imposé à Ferdinand par Henri, et qui s'était réfugié en Angleterre, il avait entretenu une correspondance secrète avec le duc de Lancastre, afin d'engager ce prince à favoriser ses propres prétentions à la couronne de Castille, et ce ne fut qu'après s'être ainsi assuré du secours des Anglais qu'il eut l'air de prendre l'avis de son conseil que bien évidemment'il ne consultait que pour la forme.

Le roi de Castille ne se laissa pas intimider par l'arivée des Anglais qui avaient pour chef le comte de Cambridge frère de Lancastre. Il leva une armée (1381), équipa une flotte et se prépara au combat. Les hostilités commencèrent sur l'Océan ; la flotte portugaise commandée par le comte Jean Alphonse, frère de la reine, fut complétement battue ; l'amiral castillan prit vingt galères sur vingtet une, et entra triomphant dans Séville avec tous ses prisonniers au nombre desquels se trouvait Jean Alphonse. Le comte de Cambridge avait été accueilli avec de grands, honneurs. Il exigea qu'un traité fût conclu, et Ferdinand, qui se liait aussi facilement qu'il se déliait, souscrivit sans peine à une des clauses de ce traité ; l'infante, si souvent promise fut fiancée au fils du comte de Cambridge, ce qui n'empêcha pas, qu'après avoir été promise encore, elle ne devînt plus tard l'épouse d'un autre.

La faveur dont jouissaient les Anglais ne tarda pas à devenir trés-onéreuse pour la nation portugaise ; car ces étrangers soutenus par le roi, se livraient impunément à toute sorte d'excès ; et personne n'osait se plaindre, ou du moins c'était chose inutile, et jamais aucun dommage , aucun crime même ne fut réparé. Cela irrita si fort le peuple que, ne prenant conseil que de la haine , il attaqua et tua tous les Anglais isolés qui tombaient sous sa main ; un tiers au moins de ces importuns auxiliaires tombèrent sous le poignard. Un seigneur portugais, parent de la reine, Gonçalo Vasques de Azevedo, ayant osé faire quelque remontrance, fut jeté dans les prisons du château d'Evora et le grand maître d'Avis, frère naturel de Ferdinand, à cause de ses liaisons avec Azevedo, subit le même traitement. Peu de temps après le commandant d'Evora reçut ordre de faire décapiter ses deux prisonniers. Comme c'étaient deux personnages éminents dont la renommée était intacte et dont le crime était inconnu, le commandant prit sur lui de suspendre l'éxécution jusqu'à nouvel ordre. Ce nouvel ordre ne se fit pas attendre ; le commandant au lieu d'y obéir se rendit auprès du roi pour lui faire une dernière remontrance. Le roi montra le plus grand étonnement ; il n'avait aucune connaissance des deux ordres donnés au commandant : il le loua de ne pas les avoir exécutés et lui recommanda le plus grand secret. Au bout de vingt jours les deux prisonniers furent rendus à la liberté et admis à baiser la main de la reine ; il le firent par prudence, et n'en surent pas moins à quoi s'en tenir.

Tous ces événements avaient beaucoup d'influence sur la guerre qui ne faisait qu'augmenter la misère générale. Après avoir détruit la flotte portugaise, les Castillans avaient assiégé

et pris Almeyda sous les yeux des Anglais, et
leurs vaisseaux, renforcés par ceux de la Galice
et de la Biscaye, croisaient devant Lisbonne ,
afin d'intercepter tout secours qui arriverait d'Angleterre. Enfin, après bien des marches et des
contre-marches, le roi de Castille se portant à
la rencontre de l'armée portugaise, et la rencontre ayant lieu entre Elvas et Badajoz, il
semblait qu'une bataille était inévitable; mais
les deux armées restèrent plusieurs jours en
présence sans en venir aux mains. Ceux qui
désiraient la paix de part et d'autre, profitèrent
de cette inaction pour faire des propositions ; les
Portugais étaient d'autant plus portés à terminer
cette guerre sans motif, qu'ils ne supportaient
qu'avec peine la présence des Anglais, et qu'ils
désiraient ardemment s'en débarrasser. Pour
qu'ils n'entravassent pas les négociations, les
deux rois ou leurs agents ne se virent que la nuit.
Le traité fut enfin conclu à la très-grande satisfaction des deux peuples.

L'infante Béatrix fit encore les frais du traité,
du moins en partie ; elle fut destinée au second
fils du roi Jean. Les fiançailles furent même célé-
brées; mais cela n'alla pas plus loin. Jean, en ren-
trant dans ses états, apprit la mort de sa femme;
Ferdinand vit aussitôt dans cet événement l'occasion d'un nouvel hyménée pour Béatrix , qui
devint enfin l'épouse du roi de Castille. Les cortès des deux royaumes ratifièrent cette union,
qui donna lieu à des fêtes brillantes ; elles rati-

fièrent de même les conventions qui avaient été faites relativement à la succession. Il était dit que si Ferdinand mourait sans héritiers légitimes, la couronne appartiendrait à Béatrix, et qu'après elle, le fils ou la fille à naître de ce mariage lui succéderait; que si Béatrix mourait sans enfants, ses droits passeraient à la fille qui serait née du mariage actuel de Ferdinand ou de tout autre union légitime qu'il pourrait contracter par la suite; qu'enfin, si Ferdinand et Béatrix ne laissaient pas de postérité, le royaume de Portugal appartiendrait à Jean ou ses héritiers. Les mêmes stipulations eurent lieu en faveur du Portugal pour ce qui concernait la Castille. « Aucun traité, dit Nunhez de Liâo, ne fut plus solennellement juré, ni entouré de plus de précautions, et nul traité n'a été plus mal gardé. *Este foi o mais jurado contrato que se vio é o mas acautelado, mas o peor guardado.* »

Le roi de Portugal ne survécut que de quelques mois au mariage de sa fille. Se sentant malade, il se fit transporter d'Almada où il se trouvait, à Lisbonne où il mourut vers la fin d'octobre 1383, après avoir reçu les sacrements avec les sentiments d'un chrétien repentant.

CHAPITRE VI.

INTERRÈGNE. — JEAN Ier. — ÉDOUARD Ier.

De 1383 à 1438.

La mort de Ferdinand ne fut pas plus tôt connue à Tolède, que le roi Jean envoya des ambassadeurs à Lisbonne pour réclamer la couronne du chef de sa femme, attendu que le roi défunt ne laissait aucun autre héritier; et Jean avait raison au fond; mais il existait dans le traité une clause qui devait faire ajourner son intronisation, et c'était qu'il ne pourrait prendre aucune part dans l'administration du royaume tant que la reine Léonore, mère de Béatrix, serait vivante; cette dernière seule, sous le titre de régente, devait administrer le royaume. Malgré la précision de cette clause, Jean Ier fit valoir les droits de sa femme à la couronne, comme provenant des lois fondamentales de l'Etat, à l'abri par conséquent de toute altération qui surviendrait par la volonté du défunt.

Ce n'était point, disait-il, parce que Ferdinand avait appelé sa fille à lui succéder, c'était parce qu'indépendamment de la volonté de son père, elle devait recueillir son héritage par la seule volonté de la loi. Béatrix donc étant reine de droit, son avénement ne pouvait être retardé que dans le cas de minorité, et il n'avait pas dépendu de Ferdinand d'empêcher sa fille de monter sur le trône à l'instant même où la succession s'était ouverte. Plusieurs nobles Portugais trouvèrent bonnes les raisons alléguées par le roi de Castille ; et ce qui semblait devoir trancher la difficulté, c'était que la reine mère elle-même avait fait proclamer l'avénement de sa fille dans la capitale.

Cependant la plus grande partie des villes, et principalement les prélats, refusèrent de reconnaître Béatrix ; et, comme on ne pouvait pourtant se passer de gouvernement, on nomma régent du royaume l'infant Jean, grand-maître d'Avis, frère naturel du roi. D'un autre côté, Urbain VI, que le roi de Castille n'avait pas reconnu (1), suscita de nouveau les Anglais et le

---

(1) Il y avait alors schisme dans l'Eglise. Une partie des cardinaux avaient nommé Clément VII ; d'autres avaient nommé Urbain ; mais l'Angleterre seule s'était soumise à Urbain VI. La France, l'Espagne, le Portugal reconnaissaient Clément VII. Le Portugal ne s'était séparé de l'obédience de ce dernier qu'à l'époque où le duc de Cambridge s'y était rendu avec quelques troupes ; mais lorsque Ferdinand fit la paix avec Henri, il se hâta de revenir à Clément ; mais après la mort de Ferdinand, Jean s'étant de nouveau uni aux Anglais, repassa dans la communion d'Urbain.

duc de Lancastre contre le fils de Henri. Lancastre ne tarda pas à se mettre d'accord avec le régent de Portugal, et un traité secret fut conclu entre eux. L'un avait la couronne de Castille à conquérir ; l'autre, celle de Portugal à défendre, et Jean I⁰ᵉ était leur commun ennemi ; c'était donc contre lui que tous leurs efforts devaient se diriger. Jean ne perdit point de temps, et pour ne pas laisser à ses ennemis celui de réunir leurs forces, il entra le premier en campagne (1384) ; mais ses armes ne furent pas heureuses. Il avait commencé par recevoir l'hommage de ses partisans, ou plutôt des partisans de Béatrix ; plusieurs villes l'avaient reçu dans leurs murs ; il crut pouvoir marcher sur Lisbonne ; mais le régent, après l'avoir battu, l'obligea de lever le siége qu'il avait commencé. Il rentra dans ses états pour lever de nouvelles troupes. Le régent profita de son absence pour assembler les cortès à Coïmbre (1385) ; il y fut principalement question de la succession au trône. Assez de voix s'élevèrent en faveur d'un fils de Pierre et de l'infortunée Inès. Jean das Regras, magistrat et jurisconsulte renommé, s'opposa fortement à cette élection, et il nia le mariage de Pierre et d'Inès, allégué par les amis de ce prétendant, Il paraît même qu'il fit des révélations extraordinaires ; car le chroniqueur contemporain, Lopez de Ayala, dit formellement que les membres de l'assemblée furent tout étonnés des choses qu'on leur dit et qu'ils ignoraient complétement. Quoi qu'il en soit, les cortès, entraînées par Jean de Regras, élurent, pour leur souverain, ce même Jean qui venait de montrer, sous le titre de régent, qu'il n'était pas indigne d'être roi.

Cependant le roi de Castille revenait suivi d'une armée nombreuse, que les Portugais font monter à plus de trente mille hommes, sans compter deux mille chevaux français auxiliaires. Jean, que désormais nous appellerons le roi, n'avait que dix mille guerriers; mais leur inspirant son propre courage, il n'hésita pas, avec cette faible troupe, à marcher au-devant de l'ennemi. Les deux armées se rencontrèrent auprès du village, (devenu fameux dans les annales portugaises), d'Aljubarrota, dans l'Estrémadoure. Le roi avait pris une position avantageuse; les Castillans arrivaient épuisés de fatigue : Jean Ier voulut les faire combattre sans attendre au lendemain; un grand nombre d'officiers, dit Lopez qui assista au conseil de guerre, lui firent de vaines remontrances; l'action s'engagea, et au bout de peu de temps, les Portugais, vainqueurs, mirent leurs ennemis dans une déroute complète. On prétend que presque tous les chevaliers castillans et dix mille soldats restèrent sur le champ de bataille. Cette mémorable victoire, principalement due à l'habileté du connétable Alvarez Pereira, assura la couronne sur le front du roi. Les chevaliers français, dit Lémos dans son histoire générale, souffrirent beaucoup, parce qu'ils soutinrent presque seuls tout l'effort des Portugais.

Le roi, poursuivant ses succès, envoya quelques troupes faire une irruption en Castille, tandis qu'il transmettait au duc de Lancastre une relation très-circonstanciée de la bataille d'Aljubarrota. Celui-ci se piqua d'émulation et bientôt après, quittant l'Angleterre avec près de trois mille chevaliers et autant d'archers (1), il vint se montrer sur les côtes de la Galice où il prit terre au petit port d'El-Padron (1386). De là, il se rendit sans obstacle à Sant-Yago où il fut solennellement proclamé roi de Castille et de Léon. Il eut ensuite une entrevue à Pontemouro sur la frontière avec le roi de Portugal, et il forma avec lui une ligue offensive et défensive qui fut cimentée par le mariage du roi avec la princesse Philippine l'une des filles du duc. Ce prince comptait si bien sur le succès qu'il avait amené toute sa famille. Jean Ier agissait de son côté; il avait obtenu du roi de France de nouveaux secours, et le pape Clément lançait des anathèmes contre les ennemis de la Castille.

Cependant le connétable s'était avancé du côté de Mérida et les troupes castillanes s'étaient retirées devant lui, cherchant à l'attirer dans un lieu où il fût aisé de l'envelopper. Le con-

____

(1) Les archers anglais passaient alors pour les plus habiles de l'Europe. C'étaient ces archers qui avaient gagné les batailles de Poitiers et d'Azincourt.

nétable devinant l'intention du général ennemi l'attaqua vivement et le mit en fuite. Le roi, de son côté, avait fait rentrer dans le devoir les villes du Nord qui s'étaient déclarées pour la Castille. Enflé par des succès obtenus assez facilement, le roi voulut pénétrer en Castille ; mais la place de Coria arrêta sa marche. Oh ! s'écria-t-il ; quand il se vit contraint de lever le siége, que nous aurions eu besoin ici des chevaliers de la Table Ronde! Seigneur, lui répondit fièrement Rodrigue de Vasconcellos, ce ne sont pas ces chevaliers qui vous manquent ; il en est autour de vous qui les valent, mais ce qui manque, c'est un roi Artur, pour conduire ces chevaliers.

Le printemps venu (1387) et le mariage du roi consommé, les forces anglaises se réunirent à l'armée portugaise; Le roi et le duc donnèrent aussitôt le signal du départ et l'on s'avança en bon ordre jusqu'à Bénévent. Le roi de Castille se trouvait à Tordesillas; mais ne voulant pas risquer les chances d'une bataille, il donna ordre de faire rentrer à l'intérieur tous les grains et tout le bétail, espérant que le défaut de vivres forcerait les Anglo-Portugais à la retraite. Il ne se trompait pas dans ses prévisions. Après quelques conquêtes peu importantes, convaincus l'un et l'autre qu'on ne pouvait pas compter sur celle du royaume à moins d'avoir des forces très-considérables, voyant d'ailleurs leurs troupes décimées par une épidémie contagieuse, le roi et le duc rentrèrent en Portugal. La nouvelle des troubles qui agitaient l'Angleterre et qui amenèrent l'emprisonnement et le meurtre de l'infortuné Richard II, ne contribua pas peu au parti que prit le duc d'accueillir favorablement les propositions de paix que lui fit faire le roi de Castille. Il offrait au duc pour sa fille aînée Catherine (la cadette avait déjà épousé le roi de Portugal) l'infant Henri, héritier présomptif du trône. Cette mesure ne satisfaisait pas pleinement l'orgueil de Lancastre qui devait, ainsi que son épouse Constance mère de Catherine, renoncer à ses prétentions à la couronne de Castille et recevoir en échange quelques villes pour apanage avec de fortes sommes d'argent ; mais c'était encore un assez beau résultat que d'avoir fait ses deux fille reines ; il accepta, et dès le commencement de l'année (1388), Catherine, âgée de quatorze ans fut fiancée au prince Henri qui n'en avait que dix et qui prit à cette occasion le titre de prince des Asturies, titre que l'héritier présomptif de l'Espagne a toujours porté depuis cette époque.

Le mariage du prince des Asturies n'avait produit entre la Castille et le Portugal, qu'une simple suspension d'armes ; le roi dut employer le reste de l'année à reprendre les places de l'Alentejo qui avaient reconnu le roi de Castille ; il se rendit ensuite à Lisbonne pour y assister à la tenue des cortès. L'année suivante, les hostilités recommencèrent du côté des Portugais,

par la prise de Salvaterra et de Tuy. Le roi de
Castille, craignant les progrès trop rapides des
Portugais fit proposer une trêve de six ans. Les
conditions en ayant été réglées par les plénipotentiaires, elle fut publiée immédiatement
(1389) et les armées rentrèrent dans leurs quar-
tiers respectifs.

Les cortès de Castille se prononcèrent hautement contre tout ce qu'avait fait le roi Jean
depuis qu'il avait transigé avec Lancastre ; et
l'on ne peut dire si les mumures n'auraient
pas dégénéré en révolte dans le cas ou la vie
de ce prince se serait prolongée ; mais il mourut malheureusement d'une chute de cheval (1390). Cette mort devait changer toute la
politique de la Castille envers le Portugal ; car
sa femme Béatrix ne lui ayant pas donné d'enfants, et son successeur Henri n'ayant aucun
droit à exercer pour lui-même, rien ne pouvait plus s'opposer au rétablissement de la paix.
Une trêve de trois ans fut d'abord stipulée, et
on se rendit de part et d'autre les places qu'on
avait prises; mais avant qu'elle expirât (1392);
elle fut renouvelée pour quinze années. Aux
conditions de la trêve précédente, on ajouta
qu'on se rendrait réciproquement les prisonniers et la Castille s'engagea, pour l'avenir, à ne
point appuyer les prétentions que la reine Béatrix, et les infants Jean et Denis pourraient former sur la couronne de Portugal.

Trois ans s'étaient à peine écoulés que la trêve

fut rompue. Le roi avait fidèlement observé les conditions stipulées, et il s'était hâté de rendre tous ses prisonniers. Les tuteurs du jeune Henri n'avaient point agi de même. Le roi se plaignit à plusieurs reprises, et l'on n'avait tenu aucun compte de ses plaintes. Pour obliger les Castillans à remplir, sur ce point, leurs obligations, on imagina de surprendre Badajoz et de retenir cette place jusqu'à ce qu'il eût été fait droit aux demandes du Portugal. Des bâtiments biscayens s'emparèrent par représailles de plusieurs navires portugais qui revenaient de Gênes (1396). De part et d'autre on regarda la guerre comme déclarée ; on s'y prépara ; mais au moment où les hostilités allaient commencer, on apporta au roi la nouvelle qu'un grand nombre de seigneurs portugais venaient de se retirer en Castille; le connétable lui-même, lorsque le roi voulut lui donner le commandement des troupes, fit répondre que le roi n'avait pas besoin de ses services, et qu'il pouvait employer ceux des *bons conseillers* qui l'entouraient.

Le connétable voulait principalement désigner Jean das Regras qui, quatre ans auparavant, avait réussi à le faire regarder comme suspect, lui qui avait tant de fois exposé sa vie et donné tant de preuves de fidélité. Lorsque la trêve avait été conclue, le connétable avait voulu récompenser les services de quelques nobles peu fortunés qui s'étaient attachés à lui, et avaient contribué avec lui à sauver le Portugal

de la domination étrangère : il leur avait distri-
bué des terres ; et cet acte de libéralité avait
été représenté au roi par Jean das Regras,
comme un acte de rébellion ou du moins, comme en annonçant le dessein; c'était pour se faire
des créatures, se donner des partisans dévoués, et tout cela dans quel dessein ? Les
rois, surtout ceux qui montent sur un trône auquel ils n'étaient pas appelés par le droit de la
naissance, sont souvent soupçonneux jusqu'à
l'injustice ; ils craignent de trouver partout des
ennemis secrets. Le roi montra de la froideur
pour le connétable, et celui-ci justement offensé,
se retira dans ses terres. Les Portugais, qui venaient de passer en Castille, étaient tous des
anciens amis du connétable que le roi avait dé-
pouillés sous prétexte que les terres qu'ils possédaient avaient fait partie du domaine royal.

Malgré ces nombreuses défections, et l'entrée
des Castillans dans la province de Beira et dans
l'Alentéjo où ils commirent de grand dégâts,
le roi ne perdit pas courage, et ayant ramené
à lui le connétable, il entra en campagne avec
quatre mille lances et un plus grand nombre de
gens à pied, dans l'intention de s'emparer de la
ville de Tuy, tandis que le connétable envahissait
la Castille dans le sud-est, afin d'y transporter le
théâtre de la guerre. Le roi de Castille, pour augmenter ses chances de succès (1397) suscita au
roi un ennemi dangereux ; il engagea la reine
Béatrix à céder ses droit à l'infant Denis qui s'était

réfugié en Castille, et celui-ci accompagné de tous les Portugais mécontents et d'un corps de troupes entra dans le Portugal avec le titre de roi que Henri lui avait fait prendre. Dans cette occasion le connétable parut se multiplier, avec une activité sans exemple et un courage indomptable; il se trouvait partout, à Beira, dans l'Alentéjo, sur tous les points menacés. Pendant ce temps, le roi poursuivait le siége de Tuy qui fut enfin obligé d'ouvrir ses portes (1398).

L'année suivante le roi de Castille entama des négociations; mais plusieurs mois se passèrent en conférences des plénipotentiaires nommés de part et d'autre, jusqu'à ce que le roi, trouvant exorbitantes les prétentions de Henri, ordonna la reprise des hostilités. Le connétable, à la tête de quatre mille chevaux et d'un corps nombreux d'infanterie, se mit aussitôt en marche pour aller investir la ville d'Alcantara. Pendant qu'on se livrait aux travaux du siége, trois détachements envoyés dans trois directions différentes revinrent chargés d'un riche butin. Ce fut même à cela que se réduisit l'invasion; car, comme on manquait de bâtiments pour garder le Tage, que la ville était très-bien fortifiée et qu'on savait qu'une armée considérable s'avançait au secours de la place, le siége fut abandonné. Cependant le roi de Castille sentit que la paix était nécessaire; il en fit renouveler la proposition, se montra beaucoup moins exigeant, promit de restituer pláces et prisonniers à charge de restitution semblable de la part du Portugal ; et comme cette fois il mit de la loyauté dans ses procédés, il ne fut pas difficile de conclure une trève de dix ans (1405), durant lesquels le Portugal jouit enfin d'une paix profonde.

Le roi mit tout ce temps à profit pour doter le Portugal d'institutions protectrices, régler la matière des impôts, faire fleurir la justice, aller au-devant du mérite pour le récompenser, assurer la paix publique dans l'intérieur, la consolider au dehors. La reine de Castille, qui gouvernait cet état depuis la mort de Henri (1406), était sœur de la reine de Portugal. Ces deux princesses désiraient ardemment la conversion de la trève en traité de paix, et elles réussirent à devenir ainsi les bienfaitrices des deux royaumes. L'époux de Philippine ne négligea d'ailleurs aucune des précautions qui pouvaient en assurér la durée dans le cas de mort de la reine de Castille et du roi d'Aragon qui s'en étaient rendus garants.

Jean I avait solidement établi son fils naturel Alphonse, qui avait épousé Béatrix Pereira de Alvion, fille unique du connétable et qui devint la souche de la maison de Bragance. Quant aux infants nés de son mariage, il manifesta le dessein de leur donner l'ordre de chevalerie ; les infants, de leur côté, ne voulant pas devoir cette distinction à leur seule naissance, mais la ténir de leurs prouesses, demandèrent à leur père (1414) de leur confier quelques troupes pour aller tenter la conquête de Ceuta sur le sol Africain. Le roi résista d'abord à ce désir que la politique, qui n'est pas toujours la justice, semblait en effet condamner. C'était par le port de Ceuta que le roi de Grenade recevait tous les secours que l'Afrique lui envoyait ; privé de cette communication le roi de Grenade, ennemi naturel de la Castille, devait s'affaiblir, et le pouvoir du royaume de Castille recevoir un accroissement capable d'alarmer le Portugal. Cependant les infants firent tant d'instances que le roi consentit à l'expédition, pourvu néanmoins qu'on prît toutes les précautions nécessaires pour en assurer le succès. On fit sonder les environs du port de Ceuta, on envoya sur les lieux des hommes chargés de les examiner, on prépara de tous côtés des vaisseaux, en annonçant une guerre maritime dans la mer du nord, et l'on garda sur le but réel de cet armement un tel mystère, que les Maures de Ceuta n'apprirent qu'il avait leurs villes pour objet que lorsqu'ils aperçurent les vaisseaux portugais. La mort de la reine Philippine n'occasionna qu'un retard de quelques jours. Tout étant disposé et le vent se trouvant favorable, la flotte leva l'ancre le 25 juillet 1415. Elle se composait de 59 galères, 33 vaisseaux de haut-bord et 120 bâtiments de transport : l'armée expéditionnaire était de cinquante mille hommes.

Le roi, les infants Edouard, Pierre et Henri, étaient du voyage, la plus grande partie de la noblesse portugaise les accompagnait. Beaucoup d'étrangers, qui avaient connaissance de l'armement sans savoir contre qui il était destiné, étaient venus offrir aussi leurs services. Ce ne fut que lorsque la flotte fut arrivée devant Lagos dans l'Algarve, que le roi déclara le but réel de l'expédition. Un religieux, fameux prédicateur de cette époque, donna immédiatement connaissance d'un bref du pape Jean XXIII qui accordait des indulgences à ceux qui faisaient partie de cette armée. La flotte entra heureusement dans le port de Tarifa.

Zala Benzala était alors gouverneur de Ceuta et de Tanger. Lorsqu'il apprit qu'une flotte nombreuse se trouvait dans le détroit, il comprit bien que c'était Ceuta que les chrétiens menaçaient, et il renforça la garnison de cette ville. Le mauvais temps, qui commença de régner sur la mer, vint même le favoriser dans ses projets de défense; car ce ne fut qu'après avoir été repoussé deux fois par la tempête, que le roi parvint à débarquer sur la côte africaine. Les Maures tentèrent de s'opposer au débarquement, mais repoussés sur tous les points, il furent si vivement poursuivis que les Portugais entrèrent dans la ville avant qu'on eût pu en fermer les portes. Ainsi les Portugais, presque en arrivant emportèrent la ville de Ceuta. Le gouverneur s'était réfugié dans le château; mais, craignant d'y être forcé, il prit le parti le plus prudent, s'il n'était pas le plus honorable; il sortit furtivement du château pendant la nuit et toute la garnison le suivit. Cette conquête si rapide et si brillante, où périrent, suivant l'historien Lemos, dix mille musulmans, n'aurait coûté aux Portugais que huit hommes, s'il fallait en croire le même historien; ce qui est plus certain, c'est que la ville fut livrée au pillage. Les infants se distinguèrent dans cette journée par leur valeur de même que par leur habileté.

Si la possession de Ceuta avait paru importante à quelques seigneurs portugais, il s'en trouva qui furent d'avis après la conquête de démanteler la ville et de l'abandonner. Le roi s'y opposa fortement et sa volonté prévalut. On laissa donc une bonne garnison dans Ceuta et l'armée victorieuse reprit la route de Lisbonne (1).

Après son retour d'Afrique, le roi s'occupa d'abolir dans tous ses états l'ère julienne dont on s'était servi plus ou moins longtemps en Portugal, et dans toute l'Espagne, pour y substituer l'ère vulgaire qui commence trente huit ans plus tard. Pierre IV roi d'Aragon fut le premier qui rejeta l'ère julienne (1358); la Castille le fit vingt-cinq ans plus tard, le Portugal, en 1422.

---

(1) En mars 1421, Ceuta fut érigée en évêché par le pape Martin V. Le P. Aymaro, déjà évêque titulaire de Maroc, et avant confesseur de la reine Philippine, fut le premier évêque de Ceuta.

Les Maures revenus de la stupeur où les avait jetés la prise de Ceuta tentèrent plusieurs fois de reprendre cette ville, tantôt au moyen de surprises, tantôt à force ouverte, et ce fut toujours sans succès. Le comte de Viana, Pierre de Meneses, que le roi avait chargé du gouvernement et qui le conserva pendant vingt-deux ans, déjoua tous leurs stratagèmes et repoussa tous leurs efforts. Ce fut surtout en 1418 que sa valeur eut l'occasion de s'exercer. Les Maures avaient réuni de grandes forces et soutenus par les troupes du roi de Grenade, il firent un siége régulier, autant du moins que cela leur était possible, mais il furent contraints de le lever après avoir fait de grandes pertes. L'infant Henri était accouru au secours du comte de Viana; mais, à son arrivée, les Maures battus et découragés, avaient déjà levé le siége. L'infant se dédommagea de ce contre-temps, en se livrant, avec l'agrément de son père, à des voyages de découvertes. Dans un voyage entrepris de son ordre, on aborda à l'île de Madère, dont il fut pris possession. L'infant Pierre dont l'esprit n'était pas moins aventureux que celui de son frère Henri, eut aussi la passion des voyages; il obtint de même de son père la liberté de parcourir l'Europe et il en profita (1424).

La paix durait toujours entre la Castille et le Portugal. Le roi avait employé les loisirs qu'elle lui laissait, à travailler pour l'avantage du peuple; mais comme le maintien de la paix est l'un des plus grand bienfaits qu'un prince puisse donner au pays, et que celle qui existait avec la Castille n'était que pour un temps limité qui finissait en 1434, Jean voulut, avant le terme qui n'était plus éloigné que de deux ou trois ans, assurer à son royaume, par un traité formel, une paix à peu près perpétuelle. Ses soins eurent un plein succès ; et vers la fin de 1431, le traité fut conclu, signé, échangé et revêtu de tous les formes qui pouvaient en faire espérer le maintien. Ce fut aussi par les soins du roi Jean que la Castille et l'Aragon déposèrent les armes et terminèrent leurs différends (1432).

Ce prince ne survécut guère que d'un an à la pacification générale de la Péninsule. Il mourut le 14 août 1433, dans la soixante-dix septième année de son âge et la cinquantième de son glorieux règne, généralement regretté par les grands, par le peuple et par sa nombreuse famille. Voici le portrait qu'en a tracé l'auteur de l'histoire générale, Lemos Faria de Castro. « Jean était de moyenne stature; il avait le visage plein, la tête petite, les cheveux noirs, l'œil et le regard vifs. Il montrait de la prudence dans les conseils, de l'intrépidité dans les dangers, une parfaite égalité d'âme dans la bonne et la mauvaise fortune ; il était endurci par l'habitude à la fatigue, rempli de respect pour la religion et d'une véritable piété, respecté et chéri par ses amis, redouté par ses ennemis, père de son peuple, heureux dans ses actions, non moins heureux par ses enfants. Il portait pour devise ces mots français, *Il me plaît pour bien*, écrits au-dessus d'un rocher couronné de bois ; il se servait aussi d'un autre emblème ; un rocher traversé par une épée que tenait une main sortant d'un nuage, avec ces mots : *acuit ut penetrat*. Jean était né à Lisbonne en 1358. On grava sur son tombeau une très-longue épitaphe qui rapporte tous les événements de sa vie, et son corps, après être resté exposé jusqu'au 25 octobre, fut tranféré dans les caveaux du monastère de Batalha, en présence de ses huit enfants, de ses gendres et de ses petits-fils, de tous les prélats et grands du royaume, et d'une immense quantité de peuple. Le connétable l'avait précédé dans la tombe. Jean avait obtenu en 1389 du pape Boniface IX l'érection en archevêché de l'évêché de Lisbonne.

Edouard fils aîné de Jean et depuis long-temps associé en quelque sorte aux charges du royaume était âgé de quarante-deux ans, lorsqu'il monta sur le trône. Il avait donné des preuves de sagesse, de valeur, de prudence et tout annonçait aux Portugais un règne heureux et prospère ; mais d'une part il mourut au bout de cinq ans avant d'avoir pu travailler avec efficacité au bonheur du peuple, et d'autre part plusieurs événements fâcheux arrivés durant ce court intervalle de cinq années, semblèrent dire au Portugal suivant l'expression de Lemos, que la providence envoie de temps en temps des calamités aux peuples pour que de longues prospérités ne leur fassent pas oublier leurs devoirs. On assure qu'au moment où on allait procéder au couronnement, un astrologue juif se présenta et pria le roi de retarder la cérémonie pour éviter la rencontre d'une constellation fatale qui le menaçait en cet instant même. Le roi méprisa cet avis comme il le devait; mais dans la suite bien des Portugais superstitieux ne virent, dans les accidents malheureux qui survinrent, que l'accomplissement des prédictions de l'astrologue.

Après avoir rendu les derniers devoirs à son père, le roi convoqua les Cortès à Leiria (1434), et il y fit ordonner que toutes les lois et ordonnances précédemment rendues, fussent réunies en un seul code qui deviendrait seul obligatoire pour tout le royaume. Des règlements particuliers réprimaient les excès du luxe dans les habillements, et dans le service de la table.

L'infant Henri, toujours dominé par son goût pour les voyages aventureux, était parti avec deux vaisseaux pour aller explorer les côtes de l'Afrique au delà du cap Bojador, et il visita le pays des Jalofs. (1435); mais les événements qui survinrent peu de temps après en Portugal ne lui permirent de continuer ses recherches que six ans plus tard. Vers le même temps, la garnison de Ceuta à laquelle venaient souvent se joindre des aventuriers pleins de courage, faisait des excursions dans les environs et revenait presque toujours chargée de butin. Le fils du comte de Viana, Edouard de Menezes, se montrait digne de son père, de qui le nom seul était la terreur des Maures. Le comte ayant appris que le roi méditait la conquête de Tanger et que ce prince comptait sur son fils pour cette expédition, voulut que ce dernier préludât à la prise de Tanger par celle de Tétouan. Cette première entreprise réussit; Edouard Menezes s'empara, presque sans coup férir, de la ville et du château qu'à son approche les habitants avaient abandonné. Le comte déjà malade put voir encore ce triomphe de son fils, mais il mourut très-peu de jours après son retour (1439) ; les infants étaient déjà sous les murs de Tanger.

Toutefois il y avait peu d'espoir pour eux de succès. On leur avait donné, disait-on, quatorze mille hommes : mais lorsque les infants, arrivés à Ceuta, voulurent les passer en revue, ils n'en trouvèrent que six mille. On attribue cette diminution à la désertion, aux maladies meurtrières qui avaient régné depuis quelque temps, à la négligence de ceux qui avaient préparé l'expédition. Malgré le danger évident de se présenter devant Tanger avec si peu de monde, et l'avis contraire de tous les officiers, les infants donnèrent le signal de la marche, le siège commença aussitôt après leur arrivée, et il futpoussé avec autant de vigueur que le permettait le petit nombre des assiégeants. Il durait depuis trente huit jours, quand un assaut général fut donné. Les auteurs Portugais disent que les échelles se trouvèrent trop courtes, ce qui obligea les infants à se retirer non sans avoir éprouvé quelque perte. Il eût même été possible qu'un second assaut eût réussi; mais on vit bientôt arriver une armée innombrable de Maures au secours de la place : quatre-vingt mille fantassins et dix mille cavaliers; mais il suffit, dit l'historien de Portugal, de quatre mille Portugais pour mettre en fuite cette multitude; seulement, il ajoute, que les rois de Maroc, de Fez et de Tafilat, irrités de cet échec, vinrent bientôt après avec *six cent mille fantassins et quatre-vingt-dix mille cavaliers!*

Tout ce qu'on peut inférer de là, c'est que l'armée Maure était si nombreuse qu'il n'était pas possible aux Portugais de résister au choc seul de ses masses. Aussi les Portugais n'osaient plus sortir de leurs retranchements, et les Maures, malgré leur nombre, se contentèrent de les tenir étroitement bloqués afin de les affamer. Ce moyen leur réussit; les Portugais furent contraints d'accepter les conditions les plus dures, dont l'une était la remise de Ceuta, et d'un grand nombre d'otages ; et comme il était difficile de trouver des hommes qui voulussent se livrer aux barbares, l'infant Ferdinand s'offrit de lui-même, et quelques seigneurs Portugais, entraînés par ce noble exemple, se décidèrent à suivre le prince (1).

Cependant la remise de Ceuta coûtait beaucoup à faire; les Cortès, convoquées à Leiria, s'y opposèrent même formellement, et le roi n'osa heurter de front la volonté nationale. On lui fit d'ailleurs entendre que le meilleur moyen d'obtenir la liberté de l'infant, c'était de l'aller demander sur les lieux, non plus avec cinq ou six mille hommes, mais avec une forte armée. Une épidémie pestilentielle, qui dévasta tout le royaume, obligea le roi d'ajourner l'exécution de son projet de porter la guerre en Mauritanie. La providence ne permit pas qu'il pût le reprendre; atteint lui-même de la maladie à Thomar, il y succomba le 9 septembre 1437, dans la quarante-septième année de son âge. Les historiens Portugais vantent les qualités de son cœur et de son esprit; il écrivit même plusieurs traités parmi lesquels on distinguait: *Le bon Conseiller*. L'infant Pierre qui se trouvait à Coïmbre, était accouru au premier avis de la maladie, et aussitôt après la mort de son frère il avait fait proclamer le jeune Alphonse qui n'avait que six ans; mais quand on ouvrit le testament d'Edouard on y trouva une disposition qui donnait la régence à la reine, femme imprudente et capricieuse qui avait conseillé la funeste expédition de Tanger.

(1) Ferdinand mourut dans l'esclavage, au bout de six ans de souffrances physiques et morales.

CHAPITRE VII.

=

RÈGNES D'ALPHONSE V ET DE JEAN II.

(De 1438 à 1495.)

L'infant Pierre donna dans cette occasion une grande preuve de fidélité. Au lieu de profiter du mécontentement général qu'excitèrent les dernières dispositions de son frère, il fit déclarer que dans le cas de prédécès sans enfants du roi don Alphonse, l'infant Ferdinand son frère lui succèderait. La reine, pour reconnaître la loyauté de son beau-frère, promit de donner pour épouse à son fils Alphonse l'infante Isabelle fille de Pierre. Cette promesse que la reine fit et ratifia par écrit fut pour ce dernier une source de désastres, parcequ'elle lui donna pour ennemis plusieurs grands du royaume, et notamment Alphonse duc de Bragance qui voulait que le roi épousât une autre Isabelle, fille de l'infant don Jean.

Les deux frères ne tardèrent pas même à faire éclater leurs ressentiments contre la reine qui jugea nécessaire de convoquer les Cortès pour faire confirmer le testament de son mari. Les Cortès, assemblées à Torres-Novas, confièrent le soin de la personne du roi à sa mère, et le commandement des armées à l'infant Pierre. C'était là ce qu'elle-même avait désiré ; mais les agents du duc de Bragance lui suggérèrent l'idée qu'en divisant la régence, les Cortès avaient commis une grande injustice (1439). L'infant avait pour lui l'affection du peuple ; il déjoua d'abord les projets de Bragance auquel la reine s'était réunie ; l'infant Jean lui-même très-attaché à Pierre se déclara pour lui, et comme on craignait une émeute populaire, il fut décidé que Pierre aurait seul la régence, et après lui ses frères, et que ce ne serait qu'à défaut de ceux-ci qu'elle passerait au duc de Bragance. Pierre fut solennellement reconnu en qualité de régent du royaume, et il prêta serment sous ce titre ; les États de nouveau réunis ordonnèrent même que la personne du roi lui serait confiée. La reine irritée se retira d'abord à Ceuta, et manifesta plus tard l'intention de se rendre en Castille (1442).

Le duc de Bragance continuait d'intriguer ; il gagna aisément les infants d'Aragon, frères de la reine, lesquels se trouvaient alors en Castille, et les infants engagèrent le roi à faire partir pour le Portugal un ambassadeur, chargé de réclamer la régence en faveur de la reine, Le régent répondit avec dignité aux ambassadeurs ; mais quoiqu'il désirât éviter la guerre, il ne laissa pas de se préparer à la soutenir. La reine prit alors le parti de chercher un asile en Castille où quelques mécontents la suivirent (1443) ; ce qui n'empêcha pas le régent de célébrer les fiançailles du roi avec sa fille Isabelle; le pape venait d'envoyer les dispenses nécessaires à raison de la parenté. Dans le courant de cette même année, l'infant don Jean mourut de maladie, et peu de temps après on apprit que l'infant Ferdinand, toujours captif chez les musulmans, avait cessé de vivre. La reine elle-même, réfugiée en Castille, y fut empoisonnée, dit-on, par l'ancien favori Alvar de Luna, dont la disgrâce avait été causée par les infants d'Aragon (1445).

Alphonse ayant atteint sa quatorzième année (1446), le régent convoqua les États à Lisbonne pour le faire déclarer majeur. Après que cette déclaration eut été faite, il fut donné officiellement connaissance aux États des fiançailles du roi et de la fille du régent; le mariage eut lieu plus tard, malgré toute la peine que prit pour l'empêcher le duc de Bragance. Quant à la fille de l'infant don Jean elle devint reine d'Espagne par l'entremise du connétable de Luna qui était rentré en faveur (1).

(1) Le roi avait prié son oncle de conserver l'administration du royaume ; ce que l'infant ne fit qu'à regret, il ne put néanmoins conjurer la haine jalouse du duc de Bragance qui, conjointement avec son fils le marquis de Valence, et

Les Portugais, malgré les agitations de la cour, avaient joui d'une paix profonde pendant plusieurs annés ; seulement quelques-uns d'entre eux, hardis navigateurs, encouragés par

son beau-frère l'archevêque de Lisbonne , s'empara si bien de l'esprit d'Alphonse, qu'il réussit à lui persuader que l'infant , déjà coupable de la mort de son frère Edouard, de la reine et de l'infant Jean, ne tendait pas à moins qu'à lui ôter la vie à lui-même , afin de monter sur le trône. Nous ne dirons pas toutes les odieuses manœuvres que les trois conjurés employèrent pour entraîner le roi et le pousser aux dernières extrémités. Il est certain que l'ordre d'assassiner l'infant lui fut arraché, et que la reine eut à peine le temps d'expédier a son père l'avis de se mettre en sûreté. L'infant, suivant le conseil du comte d'Abranchès , résolut de se rendre en personne auprès du roi pour lui demander justice, ou lui permettre de déférer le combat à outrance à ses accusateurs ; mais les conjurés, informés de sa marche , firent entendre au roi qu'il venait avec des troupes pour s'emparer de Lisbonne où il avait un parti , et se faire couronner. Le roi, déjà disposé à tout soupçonner, fit marcher des troupes à la rencontre de l'infant, qui était parvenu jusqu'à Alfarrobeira. Il fut soudain environné par des bandes armées; l'infant s'aperçut aisément qu'on en voulait à sa vie ; il se défendit avec le courage du désespoir : une flèche lancée de loin lui traversa la poitrine. Le loyal comte d'Abranchés périt aussi en cherchant à le venger (1449). Ce ne fut que plusieurs années après la mort de l'infant que le roi, toujours soumis à l'influence de Bragance, ayant ordonné de faire le procès à la mémoire de son oncle et beau-père, l'innocence de celui-ci fut clairement reconnue. Le duc de Bourgogne, beau-frère de l'infant, remplit l'Europe de ses plaintes contre le barbare Alphonse. Le pape excommunia ceux qui, pendant cinq ans, avaient tenu ses restes privés des honneurs de la sépulture.

l'infant don Henri, avaient découvert les Açores, les Canaries, passé le Cap-Blanc, le Cap-Vert, formé des établissements en Guinée, on exploré la côte occidentale de l'Afrique. Tout à coup la chute de Constantinople (1453) et de l'empire d'Orient vint retentir jusqu'au fond de l'Algarve. Le pape épouvanté fit un appel aux princes chrétiens ; mais ni ses instances ni ses offres ne purent engager aucun souverain à prendre les armes pour cette cause en quelque sorte étrangère, et les Grecs ne trouvèrent point de sympathie sur le continent européen. Alphonse fut le seul prince qui équipa une escadre; mais ces préparatifs, n'étant nulle part imités, devinrent inutiles.

La reine Isabelle mourut peu de temps après (1455), à la fleur de ses ans. On crut généralement qu'elle avait été empoisonnée par les ennemis acharnés de son père. Alphonse lui fit faire de superbes obsèques ; il envoya aussi chercher le corps de sa mère qui avait été ensevelie à Tolède et ses restes furent transportés aux caveaux du couvent royal de Batalha. Après avoir rempli ces devoirs, Alphonse qui depuis longtemps songeait à faire des conquêtes en Afrique, leva une armée considérable qui, destinée d'abord à aider les chrétiens d'Orient à reconquérir Constantinople, reçut ensuite la mission difficile d'ajouter la ville de Tanger à celle de Ceuta; le roi lui-même déclara qu'il était dans l'intention de passer en personne en

Afrique, afin de venger l'injure faite au Portugal par les Maures dans la personne de l'infant don Ferdinand.

L'expédition favorisée par les vents (1458), aborda heureusement à Alcacer-Ceguer qui fut emporté par les Portugais le jour même du débarquement; mais sur la nouvelle que le roi de Maroc accourait avec des forces immenses, il fallut se résoudre à renforcer la garnison d'Alcacer et à retrancher fortement l'armée sur le bord de la mer en attendant des secours du Portugal. Le siége d'Alcacer fut poussé avec vigueur, mais la place fut si bien défendue par Edouard de Menezes fils du fameux Pierre de Menezes gouverneur de Ceuta, que les Maures se retirèrent après avoir perdu beaucoup de monde. Ils revinrent à la charge quelques jours après, et après cinquante jours de tranchée ouverte, ils furent obligés de se retirer une seconde fois. Prévoyant que les Maures reparaîtraient encore, Menezes fortifia la place, reçut des secours considérables, et cette fois les Maures découragés par la résistance des assiégés et l'aspect des fortifications nouvelles, ne firent pas des tentatives sérieuses.

L'année suivante vit mourir l'infant Henri à qui le Portugal a dû la découverte d'une infinité d'îles et de contrées jusqu'à lui inconnues. Alphonse lui fit rendre les derniers honneurs; après quoi il passa une seconde fois en Afrique décidé à conquérir Tanger ou Arzila ; mais les Maures, prévenus à temps, l'attendaient

avec des troupes nombreuses , et ils lui livrèrent une bataille où beaucoup de monde périt
de part et d'autre. Il courut lui-même de grands
dangers et il aurait été fait prisonnier sans le
généreux dévouement de Menezes qui sacrifia
pour lui sa vie. L'expédition échoua ; mais
Alphonse ne renonça pas à l'espoir de parvenir
enfin à se rendre maître de ce poste important
qui commande l'entrée du détroit du côté du
sud. Alphonse, en retournant dans ses états ,
fut invité par le roi de Castille à passer par Gibraltar où il l'attendait, afin de conférer avec lui
sur des points importants. Alphonse se rendit
à ses désirs ; le roi de Castille lui offrit sa fille
Jeanne pour l'infant don Jean.

Près de quatre ans s'écoulèrent sans que le
roi formât d'entreprises nouvelles ; mais tandis
que la révolte de l'infant Alphonse de Castille
cherchait à précipiter du trône la fille de Henri
IV, les Catalans tentaient de secouer le joug de
l'Aragon, et ils attirèrent furtivement à Barcelone
le connétable de Portugal , fils de l'infortuné
Pierre et d'une princesse d'Urgel issue des com-
tes de Barcelone (1464) ; pour réussir il aurait fallu des forces considérables ou un génie
transcendant favorisé par la fortune ; le connétable fut proclamé roi d'Aragon dans Barcelone ; mais il avait pour concurrent le prince de
Viana, Charles fils de Jean II ; il fallut combattre ; le Portugais fut vaincu, et deux ans après,
il perdit la vie.

Les dissensions intestines de la Castille du-raient toujours. Alphonse profita, pour tenter sa troisième expédition contre l'Afrique, de la paix dont l'embarras de ses voisins laissait jouir son royaume. Il envoya d'abord l'infant Ferdinand son frère investir la ville d'Anafe dé-pendante du royaume de Fez, avec dix mille hommes, et cette place fut promptement empor-tée (1470), ce qui confirma le roi dans son dessein d'aller conquérir Tanger; il l'exécuta l'année suivante, et il partit à la tête de trente mille hommes de troupes de débarquement après avoir réglé le gouvernement du royaume pour le temps que durerait son absence.

Les Maures tentèrent de s'opposer au débar-quement, et ils furent chassés loin du rivage. L'armée portugaise alla sans s'arrêter mettre le siége devant Arzila. Les assiégés opposèrent une vive résistance, mais la place fut emportée d'assaut. La plus grande partie de la garnison périt par le feu des Portugais qui firent un bu-tin immense. Le roi de Fez arriva au moment où la place succombait ; saisi de terreur, il fit demander une trève qui lui fut accordée; on lui rendit même deux de ses femmes et deux en-fants qu'il avait dans la ville, en échange des restes de l'infant Ferdinand. Henri de Menezes fut pourvu du gouvernement d'Arzila et d'Alca-cer; le roi ne pouvait remettre ces places en de meilleures mains; Henri était digne de son père et de son aïeul, Edouard et Pierre Menezes. La chute d'Arzila entraîna celle de Tanger; cette place, abandonnée par les Maures, fut occupée par les Portugais et le roi y fit son entrée le 28 du mois d'août. Alphonse, enorgueilli de sa conquête, prit ou se laissa donner le surnom d'Africain.

De retour dans ses états, Alphonse ne s'occupa, pendant trois ou quatre ans, que de l'administration intérieure. La mort de Henri de Castille (1474) vint réveiller dans le cœur d'Alphonse le désir qu'il avait montré longtemps auparavant d'épouser la fille de ce prince afin d'acquérir des droits qui lui semblaient incontestables à la couronne de Castille. Ce désir devint plus vif, lorsqu'il apprit que Henri avait fait un testament par lequel il instituait sa fille Jeanne pour son héritière universelle, priant en même temps le roi de Portugal de l'épouser et de réunir ainsi dans sa main les sceptres des deux royaumes. Cela aurait souffert peu de difficultés, si Henri n'avait pas laissé une sœur, la fameuse Isabelle, qui avait autant de finesse et de politique qu'il en avait peu lui-même, et qui d'ailleurs avait épousé le prince le plus rusé, on pourrait même dire le plus fourbe de son temps, Ferdinand V, dit le Catholique quoiqu'il fût assez mauvais chrétien, parce qu'il parvint, par la prise de Grenade, à détruire la puissance des musulmans en Espagne. D'ailleurs cette fille de Henri, cette princesse Jeanne avait contre elle un préjugé terrible : on accusait assez publiquement la reine d'inconduite, et l'on était si convaincu que Jeanne était née d'un crime qu'on ne l'appelait que la *Beltraneja*, la fille de Bertrand, parce qu'on disait publiquement que le complice de la reine était Bertrand de la Cueva.

Personne, au surplus, n'ignore combien l'on doit se tenir en garde contre des imputations de ce genre qui ne reposent et ne peuvent reposer que sur des suppositions. Au reste Jeanne n'était pas seulement reconnue en qualité de fille légitime par le testament de son père ; elle l'était encore par un grand nombre de seigneurs à la tête desquels on voyait le cardinal archevêque de Tolède et le marquis de Villena ; mais comme Isabelle, outre ses propres partisans, était soutenue par les armes de Ferdinand, on pensa qu'il fallait à Jeanne un appui semblable et, après s'être adressé sans succès au frère du roi de France le duc de Guienne, on se tourna du côté d'Alphonse de Portugal.

Celui-ci accueillit avec une grande satisfaction les propositions qui lui furent faites (1475) ; car elles entraient parfaitement dans ses vues. En conséquence il envoya un ambassadeur à Isabelle et Ferdinand qui s'étaient fait proclamer par leurs partisans, pour les sommer de renoncer à leurs prétentions. Sur la réponse des deux époux, Alphonse, qui tenait des troupes toutes prêtes, entra dans la Castille à la tête de vingt ou vingt cinq mille hommes ; et il

se rendit à Placencia où le marquis de Villena
et d'autres seigneurs lui amenèrent la princesse
Jeanne qu'il épousa immédiatement sous la
condition qu'on demanderait à Rome une dispense, que déjà le souverain pontife avait refusée, mais qu'il accorda, dit-on, sur les instances du roi de France Louis XI.

La guerre se soutint pendant deux ans avec
des succès variés; il y eut des places prises, reprises, des combats livrés, des défections; l'a-
vantage avait été d'abord du côté des Portugais,
mais la perte de Zamore causée par la trahison
du gouverneur, celle de Burgos, surtout, dont
la garnison portugaise fut obligée de se rendre
après un long siége, et la défaite d'un corps
de troupes que conduisait le comte de Pena-
mayor (1499) furent comme le prélude des désastres qui suivirent. Après un grand nombre
de marches et de contre-marches, tantôt pour
forcer l'ennemi à livrer bataille, tantôt pour
éviter le combat, les deux armées se rencontrèrent dans les champs de Toro. Le roi de Portugal commandait la droite de son armée et l'infant don Jean son fils commandait la gauche.
Celui-ci avait en tête Ferdinand en personne.
Alphonse eut le duc d'Albe à combattre; les
deux rois furent vaincus par leurs adversaires; l'infant et le duc restèrent maîtres, chacun de son
côté, du champ de bataille. Ce dernier se retira
pendant la nuit; l'infant reçut le lendemain
matin l'ordre de se rendre auprès de son père

qui était entré à Castro-Nuevo avec quelques
cavaliers.

La journée de Toro avait décidé la querelle.
Alphonse y avait vu assez clairement qu'il ne
pouvait pas compter sur les seigneurs castillans, qui tous cherchaient à se soustraire aux engagements qu'ils avaient pris envers Jeanne,
et à rentrer en grâce auprès d'Isabelle. Alphonse
donna l'ordre de la retraite, et en se retirant
par la province de Salamanque, il dévasta le
pays, se vengeant ainsi sur des villageois sans
défense, de l'échec qu'il venait d'éprouver. Il
ne se fut pas plus tôt retiré que tous les gouverneurs de places qui tenaient pour Jeanne, ju-
geant sa cause perdue, cherchèrent à se rapprocher d'Isabelle et de Ferdinand.

Alphonse conservait, si non l'espérance,
du moins la volonté de soutenir les droits de
son épouse; mais, ne se trouvant pas assez fort
pour lutter seul contre toutes les forces de la
Castille et de l'Aragon, il tâcha de se faire un
allié du roi de France. Il lui envoya un ambassadeur; mais Louis, qui avait bien voulu lui donner des conseils qui ne lui coûtaient rien,
ne voulait nullement lui confier une armée.
Ce prince entretint l'ambassadeur par des
promesses vagues, mais il éluda ses instances
pour obtenir une réponse positive; si bien
qu'Alphonse, ne pouvant résister à son impa-
tience, prit le parti plus qu'étrange de se rendre en personne auprès de Louis. Celui-ci pré-

venu de son arrivée, envoya des ordres pour qu'on le reçût partout avec les plus grands honneurs; mais il retarda autant qu'il le put l'entrevue qu'Alphonse avait demandée. Lorsqu'enfin le jour fut venu, Louis peignit, avec de vives couleurs, l'embarras où il se trouvait lui-même, ce qui l'empêchait de lui accorder les secours qui lui étaient nécessaires; il lui conseilla de s'adresser au duc de Bourgogne qui était son parent, et le duc de Bourgogne lui répondit de la même manière.

Louis XI n'aurait pu, lors même qu'il l'aurait désiré, prendre une part active dans la querelle espagnole; il venait de conclure un traité avec le roi d'Aragon au sujet du Roussillon que ce dernier prince lui avait engagé, il avait la guerre à soutenir contre la Grande-Bretagne, et l'empereur le menaçait dans le nord. Quant au duc de Bourgogne, Charles-le-Téméraire, il faisait au duc de Lorraine et aux Suisses une guerre à outrance où il périt lui-même fort peu de temps après. Alphonse n'ayant plus d'espoir et n'osant plus retourner dans son royaume, voulait passer en Italie et de là gagner les déserts de la Palestine. Il écrivit, dit-on, à ce sujet une longue lettre à Louis XI qui lui répondit qu'il serait honteux pour lui de se laisser ainsi abattre par la mauvaise fortune, et que ses mauvais succès en Castille ne devaient pas l'empêcher de garder sa couronne.

Pendant l'absence d'Alphonse, les Portugais

avaient proclamé l'infant Jean pour leur souverain ; mais aussitôt que le prince apprit le retour de son père, il alla au-devant de lui et il se démit en ses mains du pouvoir. (1478) Alphonse reprit avec le sceptre ses idées de conquête : il recommença les hostilités ; mais l'épuisement réciproque des deux princes les força au bout de peu de temps à faire la paix, Les choses furent remises, par le traité qui intervint, au même point à peu près où elles se trouvaient avant la guerre ; on se rendit les places prises, les prisonniers ; il n'y eut guère que la princesse Jeanne de sacrifiée. Son mariage avec Alphonse n'avait pas été consommé ; il fut stipulé que l'infant Don Jean, fils de Ferdinand, encore au berceau, deviendrait son mari lorsqu'il serait parvenu à l'âge nécessaire ; que néanmoins on ne pourrait pas le contraindre à cet hyménée et qu'en ce cas il payerait une somme de cent mille livres à la princesse dont la légitimité fut au surplus reconnue par Ferdinand, faible dédommagement des couronnes qu'elle perdait ; elle préféra, à l'incertitude d'un tel mariage, la retraite et la solitude, et elle alla s'enfermer dans un monastère (1480) ; ce qui fit tant d'impression sur l'esprit affaibli d'Alphonse qu'il résolut de suivre cet exemple et de prendre lui même l'habit de St. François.

Ainsi se termina cette guerre de succession, qui ne coûta que du sang, chose dont les souverains ne se montrent souvent que trop prodigues. La paix fut conclue pour cent-un ans. On pourrait presque appeler prophétique la fixation de ce terme ; car ce fut justement à son expiration que le roi d'Espagne, Philippe II, fit la conquête du Portugal, après la mort du roi Sébastien. Cependant Alphonse, toujours décidé à se dessaisir du pouvoir, convoqua les états du royaume. Ils se réunirent à Lisbonne. Le roi leur fit part de son dessein, des motifs qui le portaient à l'exécuter et, en leur présence il remit le sceptre aux mains de son fils, après lui avoir donné quelques derniers avis (1481). Il prit ensuite l'habit de St. François et se retira dans le couvent de Torres-Vedras, qu'il avait fondé. Il y mourut au bout de quelques mois, sans avoir pu oublier sa défaite de Toro dont le souvenir sans cesse présent à sa pensée le poursuivit jusqu'au tombeau. Il était dans la quarante-neuvième année de son âge.

Lorsqu'Alphonse eut cessé de vivre, on fit de lui un brillant éloge ; on vanta sa bravoure, sa fermeté, sa persévérance, son amour pour les sciences et les belles-lettres. On alla jusqu'à parler de son inaltérable égalité d'âme dans la bonne comme dans la mauvaise fortune. On a vu comment il méritait ces louanges, surtout la dernière. En vérité, quand on parle d'un roi et qu'on veut, en comptant ses vertus ou ses actes, le recommander à la postérité, on devrait s'abstenir avec soin de lui prêter un sentiment qui se trouve complétement démenti par les faits.

Jean II ne fut pas plus tôt monté sur le trône qu'il réunit les Cortès à Lisbonne, pour y faire confirmer le décret qu'il venait de rendre à Evora portant révocation de toutes les donations et concessions faites par son père, donations telles, disait-il, qu'il n'y avait plus de domaine royal et qu'il n'était, lui, souverain que de nom. En même temps il promulguait une loi qui privait les nobles de la juridiction criminelle. Cette loi, toute favorable au peuple, lui donna le peuple pour appui ; mais elle le rendit odieux à la noblesse. Au fond le nouveau souverain parut s'attacher à donner au gouvernement une bonne organisation, s'embarrassant peu des plaintes de ceux qui par la réforme avaient leurs intérêts froissés. Il envoya par tout le royaume des commissaires chargés de recevoir toutes les plaintes, de quelque part qu'elles vinssent, et de lui rendre un compte exact de tout, promettant de s'occuper de préférence des plaintes du peuple qui, plus il se trouvait exposé à l'oppression, plus il avait besoin d'être protégé. Par ce moyen le roi pouvait acquérir une pleine connaissance de tout ce qui se passait dans le royaume, et la certitude morale que tous les hommes en place se conduisaient avec plus de sagesse et de modération, de peur d'exciter des plaintes et d'être dénoncés.

Après avoir réglé ce point important, Jean II s'occupa des colonies d'Afrique ; il y envoya une flotte, des officiers, des artisans, des ma-

rins, des constructeurs, et des missionnaires;
il voulut qu'on bâtît une forteresse pour imposer aux nègres, et en même temps qu'on leur
prêchât l'évangile (1482). On remarque que
dans ce voyage les Portugais se servirent d'astro-
labes, inventés, dit-on, par les deux médecins-
astronomes du roi, Rodrigue et Joseph, auxquels
s'adjoignit le mathématicien Martin de Bohê-
me, disciple de Jean de Monte-Regio. Diègue
de Azambuja, qui était le chef de l'expédition
bâtit le fort de St-George de la Mine, autour duquel s'élevèrent des factoreries qui devinrent
le centre d'un commerce considérable. La politique du roi consista pour lors à le favoriser
en faveur des Portugais, et à cacher aux nations étrangères le lieu où il se faisait. Il fit publier par toute l'Europe que ses navigateurs
avaient complétement échoué, que le pays n'offrait aucune ressource et que la navigation était
pleine de dangers.

Les Castillans toutefois ne furent point dupes
de ces déclarations suspectes; ils demandèrent
au roi d'Angleterre la faculté d'équiper dans
ses ports, une flotte; mais Jean II qui fut instruit de cette démarche envoya des ambassadeurs à Londres, et fit si bien que le roi défendit tout armement de navires. Jean n'eut pas
plus tôt déjoué l'intention des Castillans qu'il
tourna ses regards vers l'intérieur même de son
royaume où il se sentait menacé par la révolte
des grands et surtout de la part du duc de Bra-

gance, plus mécontent encore que les autres du retrait des donations d'Alphonse V. Le roi l'ayant appelé auprès de lui, et le tirant à part, lui reprocha sa perfidie en présence de l'évêque Lamego, seul témoin de cette scène de duplicité. Je connais vos intentions criminelles, je sais le nom de vos complices, lui dit le roi; faites-moi un aveu sincère et j'oublierai tout. Le duc ne donna pas dans le piége; il répondit en homme qui n'est point coupable et qui ne craint rien. Le roi feignit d'être persuadé, mais il n'en conserva pas moins contre le duc toutes ses préventions; il se souvenait, sans doute, de tout ce que le père et l'aïeul du duc actuel avaient fait pour fasciner les yeux d'Alphonse et perdre l'infant Pierre; peut-être ne cherchait-il qu'un prétexte pour pouvoir venger son grand-père. On ajoute qu'il eut des avis certains, ou qu'il crut les avoir, que le duc avait de secrètes correspondances avec le roi de Castille. Quoi qu'il en soit le duc s'étant rendu un jour au palais, bien qu'on l'eût averti qu'il était question de l'arrêter, le roi l'arrêta de sa propre main et le confia à deux de ses officiers qu'il chargea de lui répondre de sa personne.

Le roi transmit aussitôt à son conseil toutes les pièces qu'il s'était procurées et qui constataient suivant lui la culpabilité prétendue ou réelle de l'accusé. Le conseil ordonna que la personne du duc fût étroitement gardée et que tous les biens de la maison de Bragance fussent

mis sous le séquestre. Tous les frères et parents
du duc, craignant le même sort, se réfugièrent
en Castille où Ferdinand et Isabelle les traitè-
rent de la manière la plus favorable, ce qui était
en quelque sorte désapprouver formellement la
conduite du roi de Portugal. Le procès fut
poursuivi avec la plus grande rigueur. Le duc
nia tout les crimes de trahison qu'on lui im-
putait, et il est vrai de dire qu'il n'y avait contre
lui que des indices trompeurs, ce qui n'empêcha pas les juges de condamner le duc à perdre
la tête. Le roi poussant jusqu'à un excès révol-
tant la dissimulation, eut l'air de s'attendrir
sur le sort du coupable; il dit aux juges qu'on
ne devait se déterminer que sur des preuves
bien positives; qu'il fallait procéder avec le
plus grand soin, et d'autres choses de ce genre; et comme les juges savaient très-bien que
ces paroles du roi étaient bien loin d'exprimer
sa pensée, tous gardèrent le silence. Diègue
Pinheiro osa seul le rompre, pour dire au roi
qu'il était contre toutes les règles du droit
qu'étant accusateur il assistât au jugement. L'infortuné duc périt sur l'échafaud; sur le même
échafaud périt aussi l'honneur de Jean II; car
personne ne voulut croire à des crimes qui
n'étaient ni prouvés ni même vraisemblables;
et dans les cours d'Europe on regarda le roi de
Portugal comme un assassin et les juges, qui
par crainte ou par corruption avaient prononcé
la sentence, comme des hommes infâmes, di-

gnes de servir un tel prince. Le marquis de
Monte-Mor fut exécuté en effigie sur la place
publique d'Evora qui avait vu tomber la tête de
son frère.

Ces deux exécutions remplirent tous les Portugais de terreur; chacun craignait pour lui-
même et ce n'était pas sans raison; car le roi devenu soupçonneux, se méfiait de tout le monde.
Le duc de Viseu, son cousin germain et son
beau-frère, accusé de conspirer contre sa vie
périt de sa propre main dans un cabinet de
son palais où il l'avait attiré. Ensuite il fit venir
en sa présence le jeune Emmanuel, frère du
duc de Viseu, lequel arriva tout tremblant conduit par son gouverneur. Le roi commença par
lui dire que son frère avait voulu attenter à ses
jours, et qu'il l'avait prévenu en lui donnant la
mort; que pour lui-même il n'avait rien à
craindre, qu'il lui faisait remise et abandon de
tous les biens du défunt, et que si le prince son
fils mourait sans postérité, il le nommerait héritier présomptif de la couronne (1482). Plusieurs seigneurs et nobles Portugais suspects
au roi, accusés de complicité avec le duc de Viseu, furent condamnés à mort ou jetés dans
les fers. Le roi ne voulait paraître que justicier; mais il se fit la réputation d'un prince
cruel et fait pour régner sur l'Orient où le
prince ne dédaigne pas l'office de bourreau.

Ce fut vers ce temps (1485) que parut en
Portugal Christophe Colomb dont les supposi-

tions relatives à l'existence d'un continent oc-
cidental furent traitées de chimériques ; le roi
soumit la question à son conseil dont la majorité se prononça contre l'entreprise que pro-
posait le navigateur génois, mais insista pour
favoriser les établissements de la Guinée. Le roi
se rendit à cet avis ; deux flottes furent équi-
pées l'une pour la Guinée, l'autre pour tenter
de se frayer un chemin jusqu'à l'Inde , tandis
que Covilhan recevait l'ordre de pénétrer par
terre jusqu'au Gange (1486). La flotte destinée
pour la Guinée arriva d'abord jusqu'à l'embouchure du Zaïre et parcourut ensuite la côte de
Congo, Loango, Angola. Les années suivantes
furent employées à former de nouveaux établissements dans le pays qui venait d'être découvert et les misionnaires y firent surtout une
moisson abondante ; les rois de Congo embras-
sèrent le christianisme. Cependant le Portugal
continuait de jouir de la paix intérieure. Le roi
en profita pour réparer les fortifications de toutes
les places de la frontière, et faire construire en
Afrique une ville nouvelle sous le nom de Gra-
cieuse afin d'arrêter les incursions des Maures
de Fez et de Méquinez.

Quand la paix de cent un ans avait été signée
avec la Castille, il avait été convenu que l'infant
de Portugal Alphonse recevrait la main d'Isabelle fille de Ferdinand. Le mariage se fit (1490)
avec beaucoup de pompe, et les fêtes qu'il occasionna, durèrent plusieurs mois ; mais les

plaisirs firent bientôt place à la douleur. Au bout de quelques mois, dans une partie de plaisir, en présence de son père, de sa jeune épouse, de toute la cour, l'infant qui montait un cheval ombrageux, fut renversé sur le sol par un violent écart de l'animal, et la chute fut si terrible et si violente que le lendemain il expira. On dit que plus tard le roi semblait se consoler de cet accident qui le privait de son fils unique en disant que l'infant à cause de la douceur de son caractère n'était pas fait pour régner sur des Portugais. On ajoute que le peuple regretta l'infant pour ses qualités personnelles, mais que loin de plaindre son père, il regardait la mort de ce prince comme un châtiment du ciel mérité par le roi pour le double crime d'avoir fait périr le duc de Bragance et d'avoir assassiné le duc de Viseu.

Cependant le roi ne perdait pas l'avenir de vue; quel serait le successeur de sa couronne? il avait promis, il est vrai, au duc Emmanuel de l'appeler à son héritage dans le cas de prédécès sans enfants de son fils Alphonse, mais sa haine contre la maison de Viseu n'était pas éteinte, et le meurtrier de l'un des frères, pouvait bien devenir parjure envers l'autre. Il avait d'ailleurs un fils naturel nommé George et il apercevait en lui des qualités dignes du trône; mais il trouva dans les sentiments de la reine et de toute la noblesse une opposition qui lui fit craindre d'échouer dans ses desseins. Il entendait parler d'Emmanuel avec tant d'éloges qu'il sentait sa haine redoubler; et de son côté le jeune duc, qui avait appris par de funestes exemples à connaître le caractère du roi, redoutait pour lui-même les suites du ressentiment dont ces louanges indiscrètes le remplissaient contre lui.

Incapable de céder à la réprobation générale, Jean II poursuivait à Rome la légitimation de George; mais il fut vivement contrarié dans ce projet par le roi et la reine d'Espagne auxquels se joignit la reine de Portugal, sœur d'Emmanuel. Il obtint pourtant du souverain pontife l'investiture de la grande maîtrise des ordres de Saint-Jacques et d'Avis, ce qui donna lieu de sa part à de grandes fêtes qui contrastèrent singulièrement avec le deuil qui régnait dans beaucoup de cœurs. Ce qui pourtant troublait la satisfaction qu'il éprouvait à voir son fils revêtu de deux charges aussi importantes, c'était la pensée que si Emmanuel montait sur le trône, ce fils serait exposé à de grands dangers, de même que tous ceux qui avaient coopéré à la mort des deux ducs. Emmanuel de son côté, craignant tout du roi, prit le parti de se retirer dans sa ville de Béjà, et de ne plus paraître à la cour, se contentant d'observer de loin les événements.

Le roi et la reine d'Espagne étaient au siége de Grenade lorsqu'ils apprirent la fin tragique de l'infant. Ils envoyèrent aussitôt des ambassadeurs en Portugal pour ramener l'infante Isabelle auprès d'eux. Quelque temps après Ferdinand ayant promulgué un édit d'expulsion contre les juifs, un grand nombre de ces malheureux firent demander au roi Jean un asile temporaire dans ses états, et ils offrirent de le payer à un très-haut prix. Le roi qui n'avait pas encore quarante ans et qui avait formé depuis quelques temps le projet de faire une campagne en Afrique, accepta l'offre des juifs et en tira des sommes considérables. Un grand nombre d'entre eux périrent de la peste; quelques-uns abjurèrent, les autres passèrent en Afrique où ils ne trouvèrent que des persécutions.

L'affaire de la légitimation se poursuivait toujours à Rome; les papes Innocent et Alexandre l'ayant refusée, le roi s'adressa à l'empereur Maximilien auquel il voulut donner à entendre que la couronne de Portugal lui appartenait en sa qualité de petit-fils du roi Edouard, par sa mère Eléonore; mais Emmanuel était aussi petit-fils d'Edouard, et il l'était par son père l'infant Ferdinand. Maximilien eut le bon esprit de repousser les ouvertures qui lui furent faites; le roi ne pouvant plus compter sur le succès, prit enfin le parti de traiter Emmanuel comme son héritier présomptif, espérant que les faveurs qu'il répandrait sur lui adouciraient les ressentiments que pouvait lui causer la mort de son frère. Emmanuel de son côté, autant par politique que par reconnaissance, répondit aux intentions du roi.

L'arrivée de Christophe Colomb à Lisbonne, à son retour des Antilles (1493) qu'il avait découvertes, fut pour le roi un grand sujet de regret et de jalousie; il se repentit de n'avoir pas accepté l'offre de ce navigateur; il résolut de disputer à la Castille sa conquête. Il équipa aussitôt une flotte nombreuse, et Ferdinand inquiet de ces préparatifs envoya des ambassadeurs au roi Jean pour lui représenter que dans l'état de paix qui existait entre l'Espagne et le Portugal, on ne devait avoir recours à la voie des armes qu'après avoir déterminé à qui appartenaient les terres nouvellement découvertes. Jean voulut bien convenir que cette observation était juste. Des plénipotentiaires se réunirent, et ne décidèrent rien. Le roi de Portugal envoya de nouveaux commissaires à Medina del Campo, où se trouvait la cour de Ferdinand et d'Isabelle, et les conférences recommencèrent. On convint enfin d'une ligne de démarcation entre l'Orient et l'Occident; le premier devait appartenir aux Portugais, le second aux Castillans; on s'en rapporta au pape (c'était Alexandre VI) pour déterminer par quel point passerait le méridien qui formerait la division des deux hémisphères; ce pontife désigna les îles Açores; les commissaires et leur souverain y ayant consenti, on convint d'une ligne de division qui passe à 370 lieues ouest des îles du cap-Vert.

Dans l'état où se trouvait alors la science, on

sent que cette ligne devait donner lieu à bien des contestations pour son application dans la mer du sud. La possession des Moluques fournit le premier sujet de discussion ; chacun fixait la longitude de ces îles à quarante degrés de différence, afin de les faire trouver dans son hémisphère qui, suivant les Portugais, devait avoir pour terme dans la mer du sud une méridienne passant par les îles des Larrons. Là-dessus on écrivit des volumes en Portugal et en Castille ; le roi de Portugal pour trancher la difficulté ordonna sous des peines très-graves que les cartes d'Asie présenteraient tout ce continent compris en entier dans l'hémisphère oriental des Açores. La question finit par se décider par les armes. Les Portugais, meilleurs navigateurs que les Castillans et disposant de plus de vaisseaux, transportèrent des troupes aux Moluques et les Espagnols en furent chassés.

Le roi, voulant défendre l'entrée du Tage, avait imaginé de placer au milieu du fleuve, solidement amarré, un grand bâtiment bien pourvu d'artillerie ; mais trouvant bientôt ce moyen insuffisant, il fit bâtir (1493) sur le rivage une haute tour qu'on désigna par le nom de tour de Cascaes ; et peu de temps après, il construisit en face de Belem la forteresse de Caparica. Il avait aussi inventé des bateaux qui portaient des espèces de batteries flottantes, dont les projectiles lancés à fleur d'eau étaient si dangereux que les vaisseaux des corsaires qui infestaient les côtes dans l'espoir de capturer les navires chargés de l'or de la Guinée , fuyaient à toutes voiles dès qu'ils apercevaient ces bateaux.

Les années suivantes n'offrent rien qui mérite d'être connu , seulement chacun prévoyait que le roi, quoique jeune encore, ne pousserait pas bien loin sa carrière. On prétend que cinq ou six ans auparavant il s'était empoisonné en buvant des eaux d'une source ; que plusieurs personnes qui avaient bu de ces eaux périrent ; que le roi ne dut la conservation de sa vie qu'aux prompts secours qui lui furent donnés et à la vigueur de son tempérament ; mais on ajoute qu'il ne cessa jamais de se ressentir plus ou moins de son mal qu'on n'avait pu extirper entièrement. Quoi qu'il en soit, vers les premiers jours du mois d'Octobre (1495), il se rendit à Monchique pour y prendre des bains d'eaux minérales.

Comme sa santé ne s'améliora pas, le roi voulut faire son testament. On prétend qu'il hésita longtemps entre son fils naturel George, et le duc de Béjà ; et que ce fut Antoine de Faria qui, par des paroles hardies mais pleines de sens et de loyauté, le détermina au seul parti convenable. Après avoir ainsi réglé la question de la succession, et son mal s'aggravant de plus en plus, il se fit transporter au château d'Alvor. Il fit écrire à Emmanuel de se rendre auprès de lui sans délai ; mais le duc, qui le soupçonnait de mauvaises intentions, trouva

des prétextes pour ne pas obéir, malgré les invi-
tations réitérées qui lui parvinrent. Le roi expira
le 25 du mois, dans sa quarante-unième année,
en présence de son fils naturel et d'un assez
grand nombre de seigneurs portugais ; mais ni
le duc de Béja, ni la reine, ni ses plus proches
parents ne se trouvèrent là pour recueillir son
dernier soupir.

On donna immédiatement lecture de son testament, par lequel il désignait Emmanuel pour
son successeur ; il lui recommandait avec les
plus vives instances de protéger son fils
George auquel il faisait d'ailleurs des dons si
exorbitants que l'on ne crut pas pouvoir les ra-
tifier sans léser les intérets de l'État. Après la
lecture du testament, tous les assistants proclamèrent Emmanuel pour leur souverain. On lui
envoya deux membres du conseil pour lui
en porter la nouvelle ; ce qui rendit inutile
l'intervention en sa faveur d'une armée espagnole. Cette armée se tenait, depuis la maladie
du roi, sur la frontière de l'Estrémadure espagnole, sous les ordres des ducs d'Albe et de Medina-
Sidonia, prête à entrer en Portugal à la première réquisition d'Emmanuel. Le prince
George pleura sincèrement la perte qu'il venait
de faire : il n'était pas sans inquiétude pour
son propre compte. Emmanuel les fit bientôt
cesser ; il lui écrivit de se rendre auprès de lui,
le reçut avec l'affection d'un frère, le fit loger
dans le palais, et lui donna de sa bouche tou-

tes les assurances qui pouvaient le tranquilliser sur son avenir.

Les historiens portugais en général, et principalement Antoine de Lemos, font le plus grand éloge de Don Jean qui, selon eux, a été l'un des plus grands rois de la terre, libéral, généreux, magnifique, prévenant, affable, plein de qualités, de grandes vues, aimant et cultivant les lettres. Ce qu'on peut dire, c'est qu'il eut l'esprit naturellement porté au despotisme, qu'il se montra toujours très-jaloux de son autorité, qu'il poussa la rigueur jusqu'à la barbarie envers ses plus proches, qu'il ne manqua pas de courage, mais qu'il ne déploya pas de grands talents militaires ; que trouvant le royaume dans un état florissant, il eut bien moins de gloire à l'y maintenir que n'en avaient eu ses prédécesseurs à l'y faire monter.

Les restes de Jean II, laissés en dépôt pendant quatre ans dans la cathédrale de Silves ville de l'Algarve, furent transférés au monastère de Batalha avec des solennités extraordinaires.

CHAPITRE VIII.

=

RÈGNE D'EMMANUEL. — VASCO DE GAMA. — DÉCOUVERTE DU BRÉSIL.

(De 1495 à 1521).

Emmanuel, l'un des rois les plus célèbres du Portugal, moins par ce qu'il fit lui-même que par ce que firent sous son règne les hommes qu'il sut choisir, naquit le 31 mai 1469, et monta sur le trône à l'âge de vingt-six ans. Il était sixième fils de l'infant Ferdinand (qu'il ne faut pas confondre avec l'infant du même nom mort en Afrique), frère d'Alphonse V, et de sa femme Béatrix fille de l'infant Don Jean, frère du roi Edouard. A peine eut-il été reconnu qu'il rappela tous les frères ou fils du duc de Bragance, proscrits depuis tant d'années, et réfugiés en Castille; et sans perdre un jour, il se fit rendre un compte très-exact de la situation du royaume, s'attachant à rétablir partout l'ordre, et la justice, à réprimander le scandale des mauvaise mœurs, le luxe ruineux, la malversation, le vol des deniers publics. Les juifs, qui sous le règne précédent, avaient été soumis à une véritable servitude, furent rendus à la liberté; il leur fut même permis de rester en Portugal à la charge de se conformer aux lois générales et à celles qui les concernaient en particulier.

Le roi et la reine d'Espagne ne tardèrent pas à envoyer des ambassadeurs au nouveau souverain pour le féliciter sur son avénement. Ces ambassadeurs étaient même chargés de lui offrir la main de l'infante Marie. Emmanuel répondit sur l'article du mariage qu'il ne pouvait songer à prendre une épouse qu'après qu'il aurait entièrement réglé les affaires du royaume. Cette réponse était d'autant plus naturelle que l'on venait d'apprendre que les Maures d'Afrique avaient repris les hostilités. D'un autre côté une maladie épidémique s'était déclarée à Monte-Mor où le roi se trouvait, ce qui obligea la cour de se rendre à Sétuval. La mère du roi, Béatrix, et ses deux sœurs, la veuve du roi Jean et la duchesse de Bragance se réunirent à lui dans cette ville. Ces trois princesses intercédèrent en faveur de tous les seigneurs portugais qui avaient été exilés sous le règne précédent, et elles obtinrent aisément leur rappel. Emmanuel fit plus; il voulut que tous leurs biens leur fussent rendus; et comme il se trouva que sur ces biens confisqués une partie avaient été donnés par le roi Jean, Emmanuel, qui ne voulait pas que les hommes qu'il rappelait fussent frustrés d'une partie de leurs héritages, qui ne voulut pas non plus reprendre aux possesseurs ce qu'ils avaient reçu pour prix de leur services ou comme simples largesses, indemnisa (1) les anciens propriétai-

(1) On voit par cet exemple que le gouvernement français n'est point le premier qui ait rendu leurs biens à des proscrits pour *délits politiques* (si toutefois on peut donner le nom de délit à des opinions qui ne paraissent coupables que parce que le succès ne les a pas couronnées), et qui les ait indemnisés par des sommes d'argent de la valeur des biens aliénés (par vente ou autrement, peu importe); les Portugais, dans le XV⁰ siècle, siècle à demi-barbare, loin de murmurer contre le roi qui fit cet acte de justice, le louèrent de leurs mille voix, et l'appelèrent magnanime et généreux; les Français du XIX⁰ siècle, siècle *de raison, de philosophie* et de lumières, sont montés sur les toits pour déclamer contre l'indemnité accordée aux malheureux émigrés, qui n'ont eu d'autre tort que celui de n'avoir pas réussi; car s'ils avaient été vainqueurs, on aurait vanté leur fidélité, leur courage, leur dévouement. Il est probable, il est vrai, que nous n'aurions pas eu l'empire, mais aussi nous ne serions pas arrivés à l'empire à travers une république. Eh! quelle république! et nous n'aurions eu ni 1813 ni 1815, ni Moscou, ni Leipsig, ni Waterloo, ni les ennemis deux fois en France, dévorant nos cités et nous imposant des tributs de guerre. Il faut dire encore que le roi Emmanuel soldait intégralement la valeur des biens vendus ou donnés, et que parmi les émigrés de France, s'il en est quelques-uns qui ont gagné à l'indemnité, il en est beaucoup d'autres qui ont perdu. Nous pourrions nommer un émigré qui, sur l'estimation de trois fois le revenu de son bien (loi de prairial an III), estimation dont le montant, évalué sur le taux des assignats à l'époque de la vente, s'élevait à treize cents francs environ, aurait reçu, à titre d'indemnité, pour la perte d'un bien affermé au moment de la révolution pour le prix de dix-huit mille cinq cents livres, et en rente à trois pour cent, un revenu annuel de *quarante francs*! O dérision! Et c'est contre le don de cette indemnité que nos publicistes philosophes ont tant crié!

res, en leur payant des sommes égales à la valeur de leurs biens aliénés.

La saine partie de la nation, on peut même dire la nation entière, célébra la munificence de son roi; il y eut pourtant des hommes, de ces hommes pour qui le bien qu'on fait aux autres est un véritable malheur, qui laissèrent entendre quelques murmures; il prétendirent que ces libéralités superflues tendaient à frustrer le trésor royal ou à ruiner l'État; Emmanuel méprisa ces vaines clameurs, et la postérité qui l'a jugé ne l'a point blâmé de les avoir méprisées.

L'épidémie, qui s'était manifestée à Monte-Mor, franchit bientôt les obstacles que lui opposait la constante sollicitude du roi; elle menaça d'invasion la ville de Sétuval; la cour se retira à Torresvedras. Là, il fut encore question des juifs, beaucoup de Portugais se plaignaient de leur séjour dans le royaume; d'un autre côté, Ferdinand et Isabelle écrivaient au roi lettre sur lettre pour l'engager à les expulser de tous ses états, et enfin l'infante Isabelle, que le roi voulait obtenir à la place de l'infante Marie qu'on lui avait offerte, refusait de retourner dans un pays où elle pourrait voir des juifs. Emmanuel était dans une grande perplexité; mais ne voulant pas se décider seul, il soumit la question à son conseil, et dans le conseil il y eut autant d'avis différents qu'il y avait de membres; cependant toutes les opinions se fondirent en deux principales, l'une pour l'expulsion, l'autre pour la tolérance. Les premiers alléguaient l'intérêt de la religion, comme s'il était à craindre que des catholiques pussent devenir juifs, comme si la religion elle-même pouvait courir quelques risques; les seconds parlaient au contraire de l'intérêt public, de celui du commerce que les juifs rendaient florissant, du danger qu'il y aurait à ce que les juifs expulsés n'allassent porter en Afrique leurs richesses et leur industrie; le roi, obligé de choisir, se décida pour la première opinion, et le décret d'expulsion fut rendu.

Le roi, par malheur, ne s'en tint pas là; égaré par son zèle et rempli de la meilleure intention, il ordonna que tous les enfants des juifs âgés de moins de quatorze ans, seraient enlevés à leurs familles pour être élevés dans le christianisme. Cette mesure injuste dégénéra bientôt en violence, car ce fut la force qu'il fallut employer pour séparer le père de ses enfants pour arracher les enfants aux auteurs de leurs jours. Beaucoup de malheureux pères se tuèrent de désespoir, d'autres étouffèrent leurs enfants pour ne pas les livrer. Ce douloureux résultat aurait dû conduire le roi à ouvrir les yeux; ce fut tout le contraire, et le roi, regardant ce qui n'était de la part des juifs qu'un aveuglement involontaire, comme une obstination criminelle, mit des obstacles à l'embarquement, de sorte que le jour fixé comme terme fatal étant expiré,

tous ceux qui étaient restés, parce qu'ils n'a-
vaient pu s'embarquer, furent réduits en esclavage ou forcés de se faire chrétiens, c'est-à-dire,
d'être admis à souiller les lieux saints par leur
présence sacrilége. Ce qu'on reproche encore
à Emmanuel, c'est de n'avoir pas rendu la mesure relative aux enfants, commune aux juifs
et aux Maures, quoique ceux-ci fussent expulsés;
cette différence que le prince mit entre les deux
peuples, montre bien clairement que le prétendu intérêt de la religion était dans Emmanuel subordonné à la politique. Il ne craignait
rien des juifs, peuple pour ainsi dire nomade
qui n'a point de patrie; il redoutait les Maures,
qui possédaient la moitié de l'Afrique et qui
étaient en contact avec ses possessions de Tanger et de Ceuta.

Après avoir montré à l'infante Isabelle le désir
qu'il avait de lui être agréable aux dépens des
misérables juifs, Emmanuel n'hésita plus à la
faire demander pour épouse. La princesse opposa d'abord quelque résistance, soit qu'elle
conservât encore le souvenir de son premier
époux, soit qu'elle crût qu'il était contraire à la
décence que, si jeune encore, elle passât à de
secondes noces. Mais on triompha aisément de
ses scrupules, et elle devint l'épouse d'Emmanuel en octobre 1497. Ce mariage n'eut pas
d'heureux résultats; Isabelle mourut au mois
d'août de l'année suivante en mettant au monde
un fils qui fut proclamé prince héréditaire du

Portugal et de la Castille (1), et qui mourut lui-même au bout de trois ans.

Les préparatifs de son mariage avec l'infante Isabelle n'avaient pas empêché le roi de tenir la main à l'exécution d'un projet dont le roi Jean avait conçu l'idée. Il s'agissait de doubler le cap des Tempêtes, à la pointe méridionale de l'Afrique, et de chercher un passage pour aboutir aux Indes orientales. Le navigateur Barthélemy Diaz était déjà arrivé jusqu'à ce cap, où de violentes tempêtes l'avaient accueilli; mais l'espoir qu'on avait de réussir à le doubler, en fit changer le nom en celui de *Boa-Esperanza*. Le roi donna l'ordre à Diaz de construire quatre vaisseaux que leur solidité rendît capables de résister aux tourmentes du cap; et lorsque les vaisseaux furent construits et équipés, il donna le commandement de l'expédition à Vasco de Gama, fils d'Étienne de Gama, à qui le roi Jean l'avait destiné. Vasco et ses compagnons s'embarquèrent dans les premiers jours de juillet; Vasco montait le *Saint-Gabriel*; Paul, son frère, commandait le *Saint-Raphaël*, et Nicolas Coëlho était sur le *Berrio*. Le quatrième bâtiment, conduit par un serviteur de Vasco, était chargé de provisions; c'était comme un magasin de réserve; Diaz accompagna l'escadre jusqu'au Cap.

(1) Ferdinand et Isabelle n'avaient que des filles de leur union, ce qui rendait le premier mâle, fils ou petit-fils habile à succéder.

Quelque temps après le départ de Gama, Emmanuel et son épouse se rendirent en Castille sur l'invitation de Ferdinand et d'Isabelle, pour être proclamés héritiers présomptifs de la couronne. Le fils unique qu'ils avaient eu était mort presqu'au moment où se célébrait le mariage de sa sœur. La cérémonie de la reconnaissance eut lieu à Burgos en présence de tous les grands d'Espagne et des députés des villes; mais la jeune épouse n'eut pas le temps de jouir des grandeurs qui lui étaient promises: nous avons dit qu'elle mourut des suites de ses couches dans le mois d'Août, c'est-à-dire, quarante jours environ après son départ de Lisbonne. On donna au nouveau né le nom de Michel. Emmanuel inconsolable demanda aux parents de sa femme la liberté de rentrer dans ses états. La séparation fut très-douloureuse. Ferdinand et Isabelle demandèrent à garder auprès d'eux leur petit-fils, ce qu'ils obtinrent.

Les cortès réunies à Lisbonne l'année suivante (1499), reconnurent l'infant Michel pour héritier du royaume de Portugal; mais elles exigèrent du roi qu'il promît tant pour lui-même qu'au nom de son fils que l'administration civile ou militaire du Portugal ne serait confiée qu'à des Portugais, lorsque la mort de Ferdinand et d'Isabelle ferait passer leur couronne sur la tête de l'infant.

Ce fut vers ce temps (29 août 1499) qu'on vit rentrer dans le port de Lisbonne, après deux

ans d'absence le navigateur Vasco de Gama qui, de
même que Christophe Colomb, avait eu à combattre, plus encore que les éléments, la mutinerie,
de l'équipage. On apprit qu'il avait doublé heureusement le cap, parcouru le canal de Mosam-
bique, touché à divers parages de la côte orientale
de l'Afrique et qu'arrivé à Mélinde sur la même
côte, il avait acquis des renseignements qui lui
avaient permis de traverser la mer des Indes et
d'arriver enfin à Calicut, terme et but du voyage.
D'après ces nouvelles, le roi équipa une flotte de
treize vaisseaux qu'il confia aux soins de Pierre
Alvarez Cabral avec ordre de se rendre à Calicut.
Cette flotte avait à bord quinze cents hommes
de troupes de débarquement, cinq religieux
franciscains et plusieurs prêtres siciliens. Le
commandant avait ordre de contracter alliance
avec le roi de Mélinde et celui de Calicut, et
surtout de bâtir une forteresse sur le sol indien.

La mort de la reine de Portugal avait extrêmement affligé les deux rois, l'un époux l'autre père.
Celle de l'infant Don Michel (19 juillet 1500)
ajouta de nouvelles douleurs à des douleurs
non encore appaisées; car on voyait s'évanouir
l'espérance qu'on avait eue de voir enfin sous
la même main la Péninsule entière. Le roi et la
reine de Castille qui tenaient à ce projet de réunion firent aussitôt proposer à Emmanuel l'infante Marie sœur cadette de la reine défunte.
Emmanuel l'ayant acceptée, le mariage se fit
sans beaucoup de pompe trois mois après la

mort de l'infant (1). Cette princesse qui avait été d'abord destinée par ses parents au roi de Portugal, s'était fortement attachée à lui dès qu'elle eut le titre d'épouse; aussi s'opposa-t-elle de tout son pouvoir au projet qu'il montrait d'aller faire en personne une campagne en Afrique. Le conseil secondait la reine en faisant valoir des raisons d'État; mais le roi paraissait décidé; la reine s'adressa secrètement à son père qui envoya un ambassadeur extraordinaire à son gendre pour lui remontrer que l'intérêt de la Péninsule tout entière s'opposait à ce qu'il se mît à la tête d'une expédition de ce genre, où il pouvait périr et priver l'Espagne d'un héritier du trône de Castille. Emmanuel consentit à ne pas passer le détroit, mais il n'en pressa pas moins activement l'équipement de la flotte qu'il destinait à faire en Afrique de nouvelles conquêtes.

Cette flotte reçut pourtant une autre mission; elle fut envoyée d'après les instances du pape au secours des Vénitiens que menaçait d'un siége le sultan Bajazet. Emmanuel toutefois ne renonçait pas à l'expédition d'Afrique, et il fit construire et armer plusieurs vaisseaux pour lesquels pourtant les circonstances amenèrent d'autres destinations. Leur secours aurait été toutefois bien nécessaire aux garnisons de Tanger et d'Arzila que le roi de Fez attaquait avec toutes ses forces. Mais la valeur et la discipline

_____
(1) Le pape Alexandre VI envoya la dispense.

des Portugais l'emportèrent sur le nombre, et Don Jean de Menezes et Don Rodrigue de Castro se couvrirent de gloire par leur résitance héroïque (1).

Cependant Cabral poursuivait son voyage sur les indications qu'avait fournies Vasco de Gama; mais à la hauteur des îles du cap Vert, il fut assailli par une violente tempête qui sépara de l'escadre un de ses vaisseaux, commandé par Louis Pires. Celui-ci assez heureux pour pouvoir arriver jusqu'à Lisbonne, malgré le triste état de son bâtiment, donna la fâcheuse nouvelle que la flotte, battue par les vents, avait disparu, de sorte qu'on crut en Portugal qu'elle

(1) On dit que Menezes se trouvant à Arzila, fut averti par un Maure que le roi de Fez se mettait en marche avec une armée considérable pour aller surprendre Tanger, et que déjà tout le pays était couvert de soldats entre Tanger et Arzila. Menezes aurait bien voulu prévenir Don Rodrigue de Castro; mais il n'était pas possible de traverser la campagne sans être pris par les Maures. Menezes se ressouvint qu'il y avait depuis quelques jours dans la ville, un chien qui appartenait à un marchand de Tanger, qui l'avait oublié dans son dernier voyage; il imagina aussitôt de faire de cet animal un messager prompt et non suspect; il écrivit en peu de mots à Don Rodrigue, mit le billet dans une boule de cire qu'il suspendit au coup du chien; puis il le fit mettre hors de la ville sur la route de Tanger; là, quelques coups de fouet firent comprendre à l'animal qu'on le chassait, et l'obligèrent à se sauver du côté de la maison de son maître. On ajoute que le chien fit tant de diligence qu'il arriva la nuit du même jour à Tanger, et que la boule de cire ayant été remarquée, elle fut portée au gouverneur, qui eut ainsi le temps de préparer sa défense.

avait été submergée. Ce ne fut donc pas sans une vive allégresse qu'au bout de quelques mois on vit arriver un autre vaisseau de Cabral que celui-ci envoyait de la côte du Brésil pour annoncer au roi la découverte de ce nouveau monde. Après la tempête qui avait dispersé ses vaisseaux, il avait attendu deux ou trois jours pour qu'ils se ralliassent à lui. Quand il eut perdu l'espérance d'être rejoint par Louis Pires il cingla vers l'ouest pour éviter des courants qu'il rencontra, et il fut porté à sa grande surprise sur une côte qu'il était bien loin de supposer si près de lui; il appela d'abord ce nouveau continent San-Salvador, nom qui plus tard fut abandonné pour celui de Brésil.

Après avoir érigé une colonne comme pour marquer sa prise de possession du pays, Cabral remit à la voile pour achever de remplir sa mission ; mais à peine fut-il en haute mer qu'il eut à subir une seconde tempête beaucoup plus violente et surtout plus désastreuse que la première, puisque quatre de ses vaisseaux furent engloutis sous ses yeux sans qu'il fût possible de sauver un seul homme; un autre vaisseau, longtemps ballotté par les vents, parvint à gagner le Portugal avec six hommes d'équipage que la soif, la faim, la maladie et les fatigues avaient épargnés. Cabral suivit à peu près la même route que Vasco de Gama; il mouilla à Mélinde et de là se rendit à Calicut où il reçut d'abord le meilleur accueil,

où il fut ensuite obligé de faire usage de ses
armes pour se défendre de la perfidie des Maures
qui abondaient dans cette ville et qui représentaient les Portugais au souverain du pays, comme des pirates altérés de sang et de pillage.

L'année suivante (1501) Emmanuel envoya
Jean da Nova avec trois vaisseaux, et les combats qu'il eut à soutenir contre toutes les forces de Calicut, prouvèrent que pour pouvoir
s'établir solidement dans ce pays il fallait des
colonies très-nombreuses; les factoreries de Cochim et de Cananor, quoique en pays ami,
avaient besoin aussi d'être secourues; celle de
Calicut avait été ruinée par les naturels. Ces circonstances déterminèrent le roi à de nouveaux
efforts. Il avait donné à Vasco de Gama le titre de comte de Vidigueira, et l'avait créé grand
amiral de la mer des Indes; ce fut lui qu'il
chargea d'aller à Calicut faire respecter le nom
portugais. Gama sortit du port de Lisbonne
au mois de février 1502 avec quinze vaisseaux
auxquels se joignirent plus tard cinq autres
navires commandés par Etienne de Gama cousin de l'amiral. Outre ces deux flottes il partit
une troisième escadre de six vaisseaux pour le
Brésil sous les ordres de Gonzalve Cuelho, et
une quatrième aussi de six vaisseaux pour aller
renforcer Vasco dans l'Inde orientale (1503);
sur cette dernière escadre étaient les deux
Albuquerque, Alphonse et François, fameux
dans les annales des possessions portugaises

de l'Orient. Vasco en arrivant canonna la ville de Calicut, qu'il détruisit en partie, coula à fond, prit ou brûla un grand nombre de vaisseaux, fit un nouveau traité d'alliance avec les rois de Cochim et de Cranganor, établit encore une factorerie et laissa six vaisseaux sous les ordres de Vincent Sodri, pour protéger les nouveaux établissements et leurs alliés. Vasco de retour à Lisbonne y fut reçu par le roi avec les marques de la satisfaction la plus vive.

Après le départ de Gama, le roi de Calicut avait fait la guerre à celui de Cochim pour le punir de son alliance avec les Portugais, et comme il était le plus fort, il le dépouilla aisément de ses états. Vincent de Sodri n'avait pas rempli la mission que l'amiral lui avait confiée ; il était allé croiser vers la mer d'Arabie, et il s'était emparé de six bâtiments de Calicut, mais l'hiver et la tempête survenant, il fut jeté sur des écueils où il périt, lui et son équipage ; un autre vaisseau eut le même sort. Ceux qui restaient, bien que maltraités, eurent le bonheur de rencontrer l'escadre de François d'Albuquerque qui les ramena devant Cochim et rétablit les affaires, en chassant de Cochim les troupes de Calicut, en brûlant les navires ennemis et en construisant une forteresse capable de résister à tous les efforts des naturels. Alphonse d'Albuquerque, arrivant sur ces entrefaites, le roi de Calicut éprouva tant de pertes qu'il fut contraint de demander la paix.

Ce prince, dominé par les Maures dont on connaît le naturel perfide, ne demandait la paix que pour se préparer à recommencer la guerre, dès qu'il trouverait l'occasion de la faire avec avantage. Aussitôt que les Albuquerque furent partis les hostilités recommencèrent ; François périt en route ou du moins on n'entendit jamais plus parler de lui, ni de Nicolas Cuelho qui commandait un de ses vaisseaux, ni d'aucune des personnes qui avaient formé leurs équipages. Les Portugais regardèrent son naufrage comme une punition du ciel ; le roi de Cochim avait tout sacrifié pour les Portugais, et François d'Albuquerque, qui avait le commandement supérieur, ne lui laissa que cinquante hommes dans le fort de St.-Jacques, un vaisseau commandé par Édouard Pacheco Péreira et deux caravelles. Heureusement Pacheco qui était homme de cœur et de talent, suppléa par son activité, son courage et les ressources de son esprit à tout ce qui lui manquait.

Pendant que les Portugais soutenaient dans l'Inde avec une poignée de soldats, l'honneur de leurs armes, Jean de Menezes était en Afrique la terreur des Maures. A son nom seul, les villages se dépeuplaient et les habitants, au lieu de défendre leurs foyers prenaient honteusement la fuite. Des vaisseaux Portugais parcouraient en même temps le canal de Mozambique et la mer des Indes jusqu'à l'entrée du golfe Arabique, faisant de riches prises, et soumettant au tribut les petits souverains de la côte; mais il faut convenir qu'aucun capitaine de ce temps ne remporta de plus brillantes victoires avec peu de soldats, ne fit de plus grandes choses avec peu de moyens, ne déploya plus de bravoure que Pacheco Péreira; on croirait, en lisant le récit de ses exploits, ne lire qu'un vieux roman de chevalerie. La guerre était déjà terminée lorsque Lope Suarez arriva de Portugal avec quelques vaisseaux (1504) et que l'année suivante le roi fit partir une flotte de vingt-deux voiles sur lesquelles dix devaient rester dans l'Inde. L'expédition avait pour chef Don François d'Almeyda (1).

L'an 1506 s'annonça sous de fâcheux auspices. La peste ravageait Lisbonne, Santarem et d'autres villes; pour comble de mal, quelques Portugais fanatiques ayant prétendu que la peste n'était qu'un châtiment du ciel irrité par les profanations des juifs qui habitaient Lisbonne, la populace furieuse, excitée encore par deux religieux, se porta chez les juifs, envahit leurs

(1) Edouard Pacheco fut bien mal payé de ses prouesses. De retour en Portugal, il y fut d'abord l'objet de l'admiration générale, et peu de temps après, horriblement calomnié par des envieux de sa gloire; il fut jeté dans une prison, où il passa plusieurs années, jusqu'à ce que son innocence ayant été reconnue, il fut rendu à la liberté, mais livré à la misère qui l'obligea plus tard de mourir dans un hospice. Eh puis! qu'on compte sur la reconnaissance des grands pour qui on se dévoue!

maisons et massacra ceux qui n'eurent pas le temps de se sauver. On dit qu'il périt deux mille individus. Il fallut envoyer des troupes pour réprimer l'émeute ; il y eut des arrestations nombreuses, et les chefs des mutins furent livrés aux bourreaux ; les deux religieux qui n'étaient pas les moins coupables furent dégradés du sacerdoce dont ils s'étaient rendus indignes, étranglés et puis brûlés ; les magistrats qui par défaut de courage n'avaient pas opposé aux révoltés l'autorité des lois furent dégradés et condamnés à de fortes amendes.

François de Almeïda à qui Emmanuel avait donné le titre de vice-roi de l'Inde se montra digne de la confiance de son maître, en établissant solidement dans cette contrée la domination portugaise. Dans le même temps (1506) les Portugais s'emparèrent de Sofala ; de telle sorte que pendant les deux années qui suivirent, la guerre continua en Afrique sur deux points différents, et en Asie sur tous les points occupés de la côte occidentale. Vers la fin de la seconde année (1508), le roi de Fez fit un nouvel effort, et son entreprise né lui réussit pas mieux que les précédentes. L'infatigable Jean de Menezes, secouru par les Castillans de Xérès, opposa une si vive résistance que les Maures furent contraints de lever le siége, après avoir subi de grandes pertes.

Tristan da Cunha et Alphonse d'Albuquerque avaient été envoyés dans l'Inde pour poursuivre

le cours des conquêtes du côté de Calicut, et
pour explorer en même temps les pays d'alen-
tour et les îles de la mer du sud. Les deux chefs
s'étaient rendus redoutables aux Maures ou
pour mieux dire aux musulmans qui, depuis
cinq siècles, avaient pénétré dans l'Inde, avec
le fameux Mahmoud de Ghazna. Da Cunha, après
avoir subjugué les habitants de l'île de Socotora,
était revenu à Cananor d'où il était parti pour
le Portugal. Albuquerque parcourut les mers
d'Arabie, s'empara de l'île d'Ormuz à l'entrée
du golfe Persique, y construisit une forteresse,
excita la jalousie de ses officiers dont plusieurs
l'abandonnèrent, fut obligé de s'éloigner d'Ormuz pour aller secourir la garnison de Socotora,
revint à Ormuz dont les habitants s'étaient
révoltés, fut désigné par le roi comme vice-roi
de l'Inde à la place de François de Almeida qui,
sous divers prétextes, refusa de se démettre, et
se retira pour quelque temps à Cochim.

Cependant le roi de Calicut, que les Portugais
ont nommé Samorin, avait appelé à son secours
le sultan des Mamlouks d'Egypte, et celui-ci
répondant à l'appel, après avoir inutilement
menacé le roi de Portugal et le pape de massacrer tous les chrétiens qui se trouvaient dans
ses états et dans la Palestine, si les Portugais
n'abandonnaient l'Inde, équipa une flottte de
douze grands vaisseaux dont les matériaux lui
furent fournis par les Vénitiens, et il y fit embarquer un corps considérable de mamlouks. Cette

flotte s'accrut de plusieurs bâtiments arabes
et des navires de Cambaye et de Calicut. Le vice-
roi, qui depuis plusieurs mois, avait préparé une
grande expédition, dans le dessein d'aller sac-
cager Calaïata et de venger la mort de son fils
qui avait péri dans cette ville, informé de l'approche de la flotte combinée marcha courageusement à sa rencontre. L'action s'engagea devant Diu. La bataille fut longue et meurtrière;
Almeida sentait que du succès dépendait le sort
des établissements portugais de l'Inde; il fit
d'incroyables efforts que la victoire couronna.
La flotte musulmane fut totalement dispersée
(1509). La ville de Diu se soumit aux Portugais,
et Almeida alla jouir de son triomphe à Cananor où il se donna le barbare plaisir de faire
pendre une partie de ses prisonniers, et de faire
attacher les autres à la bouche des canons pour
voir voler dans l'air leurs membres déchirés (1).

Albuquerque ne voyait pas sans jalousie le
vice-roi lui enlever les occasions d'acquérir de
la gloire; il se rendit auprès de lui, et le somma
impérieusement de lui remettre le commandement supérieur, comme le roi l'avait ordonné.
Almeida chercha d'abord à éluder la demande
d'Albuquerque; mais celui-ci insistant, il prit le
parti de le faire arrêter et emprisonner; néan-

____

(1) Le Ciel ne laissa pas cette barbarie impunie. Almeida,
à son retour en Europe, ayant voulu prendre terre dans la
baie de Saldanha, fut assailli par les Cafres, et périt vic-
time de son imprudence.

moins à l'arrivée du maréchal D. Ferdinand Coutinho qui amenait plusieurs vaisseaux de guerre
et seize cents hommes de troupes réglées, Albuquerque fut remis en liberté et mis en possession
du pouvoir. La guerre fut aussitôt reprise contre
Calicut; le maréchal Coutinho ayant obtenu
d'Albuquerque le dangereux honneur de former
l'avant-garde, s'engagea très-imprudemment
dans l'intérieur, se laissa surprendre par l'ennemi qu'il avait méprisé, et fut tué avec presque
tous les siens. Albuquerque lui-même courut
de grands dangers, sans avoir pu le secourir,
et il reçut diverses blessures dont la guérison
demanda plusieurs mois.

Pendant ce temps l'amiral Diègue Lopez Siquéira, qui était allé à la découverte des îles
de l'Orient, reconnut celle de Ceilan sur laquelle trois ans auparavant Albuquerque avait
fait acte de prise de possession, traversa le golfe
de Bengale et prit terre à la pointe de Sumatra.
Là, il fit alliance avec les petits chefs de la côte
et il y planta un poteau aux armes de Portugal.
De là, il fit voile pour Malaca, où il aborda;
mais la résistance opiniâtre des naturels l'a-
yant fait renoncer à la continuation de son voyage, il partit pour l'Europe sans avoir vu le
gouverneur général Albuquerque; partisan d'Almeida, il était presque ennemi de son successeur.

Albuquerque était forcé à l'inaction par ses
blessures, mais son imagination ne restait pas

oisive ; il conçut un projet hardi, vaste, d'une exécution difficile. Il s'agissait de prendre Goa qui appartenait au Radjah du Dekhan, d'y former un établissement solide et de fermer ensuite aux Égyptiens et aux Arabes les routes de l'Inde. Le souverain du Dekhan, dit l'historien Férischta, était un prince faible et débauché qui avait laissé usurper la plus grande partie de ses états par un de ses généraux que le même historien appelle Adil-shah et que les Portugais ont désigné par le nom d'Hidalcan. La côte de Malabar n'offrait pas de poste plus avantageux que Goa, et tandis que Adil-shah poursuivait contre son maître les progrès de son usurpation, Goa pressé par les Portugais leur ouvrait ses portes. Mais ceux-ci ne gardèrent pas longtemps cette ville : Adil n'eut pas plustôt appris la perte qu'il venait de faire que, déterminé à tout entreprendre pour enlever aux Portugais leur conquête, il accourut avec une armée considérable (mai 1509). Albuquerque se retira devant des forces tellement supérieures que toute résistance aurait paru téméraire ; d'ailleurs il n'était pas bien sûr de ses troupes qui semblaient reculer devant le danger. Adil se hâta d'augmenter les fortifications de Goa, de renforcer la garnison, de munir la place de munitions et de vivres ; de son côté Albuquerque se préparait pour une attaque nouvelle ; car il se trouvait dans une situation telle qu'il n'avait d'autre alternative que de périr de faim avec ses troupes dans la baie de Ribandar d'où les vents contraires et les tempêtes l'empêchaient de sortir, ou de se faire jour à travers les ennemis qui le poussaient du côté de terre. Il commença par attaquer et prendre le fort de Pangim, dont l'artillerie l'incommodait beaucoup; ensuite il pourvut aux moyens de passer la mauvaise saison jusqu'à ce que la mer lui permît de quitter la baie ; mais ce qui rendit sa situation plus pénible encore, ce fut l'insubordination de quelques-uns de ses officiers.

Dès que le moment d'agir fut arrivé avec les beaux jours (1510), Albuquerque mit à la voile avec trente quatre navires tant portugais qu'auxiliaires de Cochim, et il arriva devant Goa dans le mois de novembre. La fortune, le courage et le talent d'Albuquerque triomphèrent de toutes les difficultés ; Goa fut repris et rentra pour n'en plus sortir sous la domination des Portugais. Albuquerque vainqueur répara les fortifications de la ville, y transféra toutes les administrations civiles et militaires , et en fit le siége du gouvernement; cela fait, il songea sérieusement à l'exécution de son premier plan. Les trois ports les plus fréquentés par les marchands à cette époque étaient celui d'Aden sur la côte de l'Arabie, celui d'Ormuz et celui de Malaca dans la presqu'île de même nom; son projet consistait à s'emparer de ces trois places.

Dans son voyage de découvertes, Siquéira avait été attaqué par les Malais, et quelques uns de ses soldats étaient tombés dans leurs mains. Ces prisonniers n'avaient pas encore été rendus à la liberté quoique Albuquerque les eût fait réclamer ; ce fut le prétexte qu'il prit pour attaquer Malacca, Les habitants s'étaient préparés de longue main à la défense ; mais ni leur courage ni leurs remparts ne purent les sauver ; la ville fut emportée, pillée et saccagée ; tous les musulmans qu'on y trouva furent masacrés. De Malacca le général portugais alla conquérir les Moluques si fécondes en épiceries; pour assurer la domination du Portugal, il bâtit une forteresse à Ternate.

Cependant, Adil-Shah ayant appris qu'Albuquerque s'était absenté pour une expédition lointaine, rassembla une armée considérable et l'envoya faire, pour la seconde fois, le siége de Goa, dont la garnison, peu nombreuse, fut bientôt réduite aux derniers abois. Il y eut d'ailleurs beaucoup de défections, qui permirent aux ennemis de s'emparer de l'île de Goa. La nouvelle des dangers de sa capitale parvint aux oreilles d'Albuquerque, au moment où il se disposait à faire de nouvelles conquêtes, après avoir pacifié les troubles survenus dans Malacca par l'insubordination de quelques officiers ; et, malgré les vents qui retardèrent sa marche, il ne tarda pas à reparaître devant Cochim, où, réunissant toutes ses forces, il conçut le dessein de délivrer Goa par un coup de main. Son heureuse audace lui réussit, et il retira tant d'honneur de sa conduite non moins habile que courageuse que tous les princes voisins, et Adil-Shah lui-même, le regardant comme invincible, lui demandèrent la paix (1411).

Peu de temps après, Albuquerque partit pour son expédition d'Aden ; mais, trouvant la ville trop bien fortifiée pour pouvoir la prendre avec le peu de soldats qu'il avait, il se contenta de faire quelque butin sur la côte, et de former un établissement à Maskat, dans l'Arabie Heüreuse ; après quoi, il appareilla pour l'île d'Ormuz. Il y opéra son débarquement à l'ombre de son ancien traité avec le souverain de cette île, qu'il trouva divisée par les factions. Un grand nombre de mécontents vinrent prendre place dans ses rangs. Lorsqu'il eut pénétré dans la ville, il publia l'avis qu'une flotte égyptienne avait mis en mer pour venir s'emparer du pays. Sous prétexte de le défendre, il se fit livrer toute l'artillerie de la ville, dressa plusieurs batteries sur la côte, et finit par se rendre maître de la place, dont il s'était annoncé comme simple défenseur. Il ne s'éloigna de l'île qu'après avoir mis dans la citadelle d'Ormuz une forte garnison, plus que suffisante, pour en imposer à la multitude désarmée qui l'entourait.

Ce fut par cette politique, où la force s'appuya souvent sur la ruse et la perfidie, que les Portugais, sous la conduite d'Almeida, d'Albuquerque et de leurs successeurs, usurpèrent la

domination exclusive de l'Inde, qu'ils conservèrent pendant un siècle, portant leurs établis-
ments de la côte de Malabar à celle de Coromandel, aux villes de l'intérieur, à l'île de Ceylan,
à la plupart de celles qui forment le vaste archipel indien.

Pendant que ces événements avaient lieu dans
l'Orient, Emmanuel ne négligeait pas ses possessions d'Afrique; et, d'un côté, Menezes guerroyait avec le roi de Fez, et Nuno Fernandès de
Ataide, établi à Safim (Azaffi), repoussait toutes
les attaques des Maures de l'ouest, tandis que
d'autres officiers exploraient l'île de Madagascar,
et visitaient les établissements de la côte orientale de l'Afrique, Sofala, Quiloa, Melinde. Au
surplus, la guerre contre les Maures n'offre aucun résultat important; des incursions continuelles, tantôt d'une part, tantôt de l'autre,
des surprises, quelques villages pillés : c'était à
cela que se réduisaient les hostilités. Dans le
royaume de Congo, les Portugais étendaient
aussi leur empire; mais c'était par le moyen
des missionnaires : les souverains de ce pays
avaient embrassé le christianisme, et la plus
grande partie des naturels les avaient imités.
Les victoires d'Albuquerque, la mort de Samorin, et l'avénement d'un de ses neveux favorablement disposé pour les Portugais, avaient
assuré la paix dans l'Inde; la victoire du duc
de Bragance, que le roi avait envoyé en Afrique
avec une armée nombreuse, et la prise de l'im-

portante place d'Asamor, sur le rivage occiden-
tal, assurèrent, pour quelque temps du moins,
la tranquillité des possessions portugaises du
nord de l'Afrique ; mais en 1514, les rois de
Fez et de Méquinez s'étant ligués pour recouvrer Asamor, inondèrent la campagne d'une
troupe innombrable de soldats ; mais quand les
deux souverains furent parvenus sous les murs
de la ville, et qu'ils apprirent que Jean de Menezes, qui s'y était renfermé, se disposait à une
sortie, ils furent saisis d'une espèce de terreur
panique, et ils abandonnèrent leur projet de
siége pour aller dévaster quelques villages sans
défense. Ce fut la dernière victoire de Menezes,
due à son seul nom ; car les ennemis ne l'attendirent pas. Il mourut dans Azamor, vivement
regretté par ses troupes (1514) qu'il avait ac-
coutumées à la victoire. Il eut pour successeur
Pierre de Sousa. Albuquerque mourut aussi, à
la fin de la même année, à Goa. Il s'était rendu
d'Ormuz à Goa, dès qu'il sentit les premières
atteintes de son mal ; il voulait voir encore une
fois ce théâtre de ses victoires.

L'année suivante ne fut pas heureuse pour Emmanuel. Pour se rendre maître du cours de la
rivière de Marmora qui coule à deux lieues de
Fez, il voulut faire construire une forteresse à
son embouchure. Les deux rois de Fez et de
Méquinez s'unirent de nouveau pour détruire
les travaux commencés. Ils assemblèrent leurs
bandes, enveloppèrent les Portugais qui, confiant

en leur valeur, méprisaient le nombre de leurs ennemis, leur tuèrent douze cents hommes de l'aveu de leurs historiens, et les défirent complétement : Jean de Menezes et Ferdinand de Ataide n'étaient plus à leur tête.

Peu de temps après, Emmanuel reçut la nouvelle de la mort de Ferdinand (1516), si mal à propos nommé *le Catholique* ; la reine Isabelle l'avait précédé dans la tombe d'environ douze ans, en nommant pour son héritière sa fille Jeanne surnommée *la Folle*, laquelle avait épousé l'archiduc Philippe, fils de l'empereur Maximilien, et devint mère de Charles, plus connu sous le nom fameux de Charles-Quint. Emmanuel envoya aussitôt des ambassadeurs à Maximilien pour lui offrir la main de sa fille Isabelle pour son petit-fils; Maximilien, qui ne sut jamais se décider à rien qu'après avoir tâtonné pendant fort longtemps, parut très-satisfait de la proposition et ne se détermina pas.

Cependant les Maures voyaient avec douleur plusieurs de leurs villes au pouvoir des Portugais; ils firent encore une tentative sur Arzila ; ils avaient, dit-on, soixante-dix mille fantassins et trente mille cavaliers, et toute cette multitude échoua devant cette place (1516) ; mais les Portugais furent moins heureux à Safi. Nuno Fernandès, qui y commandait, prévenu à temps de l'approche d'une armée, sortit à la tête d'environ quatre cents cavaliers et de quelque infanterie, et, comme à son ordinaire, il mit d'abord les Maures en déroute; mais le même jour, tandis qu'il reprenait le chemin de Safi, il rencontra à quatre lieues de Maroc, un corps de cavaliers maures. Une flèche, partie de la main de leur chef, lui fut lancée avec tant de justesse qu'elle lui traversa la gorge. Il tomba mort sur le coup. Les Portugais découragés par cet accident et ne sachant auquel obéir de ceux qui se disputèrent le droit de commander à la place de Nuno, se défendirent mal contre les Maures et furent presque tous égorgés. Une flotte qui fut envoyée (1517) dans la mer d'Arabie sous les ordres de Lopes Suarez, avec mission expresse d'attaquer la flotte du sultan d'Égypte, s'en retourna sans avoir rien fait, par l'incapacité de celui à qui l'expédition était confiée. Aussi, lorsqu'après avoir perdu une partie de ses vaisseaux, Lopes Suarez fut de retour en Portugal, il fut très-mal reçu par le roi.

Le siége de Goa par l'irréconciable ennemi des Portugais Adil-Shah, entrepris cette année, ne réussit pas mieux aux musulmans que celui d'Arzila n'avait réussi aux Maures, mais ce qui alarma Emmanuel, et avec lui tous les princes de l'Europe, ce fut la conquête de l'Egypte et de la Syrie sur les Mamlouks par le sultan Sélim, qui se vantait d'être le successeur de Constantin dont il voulait relever l'empire. Emmanuel fit faire à Rome de vives instances pour qu'on prît un parti décisif, et Léon X convoqua un concile à Latran, dans l'intention d'inviter les princes chrétiens à prendre les armes. Une croisade fut publiée, et pour obtenir les fonds nécessaires, des indulgences furent accordées à tous ceux qui contribueraient pour une faible somme aux frais de cette croisade. Mais la providence qui voulut sans doute éprouver son Église, permit que de la circonstance qui avait fait préférer par le souverain pontife les dominicains aux augustins pour la concession des indulgences, le moine augustin Martin Luther prît l'occasion de déclamer contre *le trafic des indulgences*, et que tombant d'un excès dans un autre, il finit par prêcher une doctrine nouvelle, où, à chaque effort du novateur pour s'écarter de celle de l'Église, l'impiété se trouve réunie à l'absurdité.

La reine Marie était décédée depuis quelque temps; le roi paraissait triste, rêveur, fatigué du poid des grandeurs. On croyait généralement qu'il voulait se retirer dans une ville de l'Algarve, et abdiquer en faveur de son fils Jean. On ne fut pas peu étonné d'apprendre, sans que rien eût préparé à cette nouvelle, que le roi était sur le point de se marier en troisièmes noces; que celle qu'il devait épouser était déjà en marche pour se rendre en Portugal, et que c'était l'infante Léonor, fille de l'archiduc Philippe, que le roi avait d'abord demandée à son grand-père Maximilien pour le prince Jean, et qu'il avait obtenue pour lui-même du roi d'Espagne, Charles, qui s'était laissé gagner, disait-on, par le prêt de deux cent mille écus

d'or, immédiatement employés à payer les suf-
frages des électeurs qui devaient l'élever à l'empire. Quoi qu'il en soit, Léonor arriva vers la
fin de novembre (1518), et le mariage s'accom-
plit immédiatement.

Quelque temps auparavant, Ferdinand de
Magalhaes, que nous appellons Magellan, mécontent d'Emmanuel qui le payait mal de ses
services, s'était retiré en Castille où il avait été
favorablement accueilli par Charles, et surtout
par le cardinal Ximenez, alors premier ministre. Il offrait de chercher, pour arriver à la
mer du Sud et spécialement aux Moluques,
dont la propriété était en discussion entre les
deux couronnes, un passage à l'occident plus
court que celui du cap de Bonne-Espérance. Le
cardinal lui confia cinq vaisseaux pour cette
recherche; mais l'expédition ne réussit qu'en
partie. Magellan trouva le fameux détroit qui a
immortalisé son nom; mais après avoir parcouru la mer du Sud en remontant vers le
nord, il découvrit un groupe d'îles, et parmi
elles celle de Zébu, à laquelle il aborda pour
son malheur; car ayant voulu prendre part à
une querelle des naturels entre eux, il fut mas-
sacré avec la plus grande partie de son équipage (1521); ce ne fut que l'année suivante que
son vaisseau fut ramené à Séville par ceux qui
avaient échappé à la fureur des sauvages.

Le Portugal était parvenu à cette époque au
plus haut degré de puissance, dit l'historien

Lemos da Faria. Sa capitale était brillante, on y voyait affluer tous les marchands du continent; des ambassadeurs de tous les pays y représentaient leurs maîtres; Venise qui, à la fin du XVe siècle, distribuait à toute l'Europe les marchandises et les produits de l'Orient, les recevait alors du Portugal; le roi, comblé des faveurs de la fortune, jouissant d'une bonne santé, d'un tempérament robuste, semblait destiné à pousser encore loin sa carrière. Attaqué d'un mal subit et violent, il y succomba au bout de neuf jours, le 13 décembre 1521.

Nous ne dirons rien du caractère d'Emmanuel; on peut le juger d'après ses actes, qui sont, au surplus, ceux de ses serviteurs plus que les siens propres; car il y a bien à rabattre des éloges exagérés que lui donne Lémos de Faria. Sans doute il eut du goût pour les grandes choses, mais il fut heureux de trouver sous sa main des instruments tels qu'il les fallait pour les exécuter; et l'on peut ajouter que s'il favorisa l'esprit de découvertes, qui semble avoir été le goût dominant de son temps, ce fut plus peut-être par ambition que par amour de la science ou par intérêt pour son peuple. Il ne faut pas croire surtout que son zèle pour la religion entrât pour rien dans le motif de ses conquêtes, comme le disent et le répètent à satiété les historiens du Portugal : pour convertir les hommes ce ne sont point des soldats, qui les combattent, les dépouillent et les tuent,

qu'il faut leur envoyer; ce sont des missionnaires.

La puissance portugaise était, comme nous
l'avons dit, montée au plus haut point. Dans
l'Inde, en Afrique, en Amérique elle se soutint encore quelques années au même niveau;
puis elle en descendit rapidement, et lorsque le
Portugal devint province espagnole, il perdit
toute son importance extérieure (1).

(1) Nous avons omis de donner aucun détail sur les affaires des colonies portugaises dans les dernières années de
ce règne; ce n'eût été que répéter vingt fois la même chose;
il doit nous suffire d'énoncer succinctement ce qui les con-
cerne. Nous sommes obligés, surtout, de nous restreindre
à ce sujet, maintenant qu'arrivés aux temps modernes, bien
plus connus, parce qu'ils sont plus près de nous, nous ne
ferons qu'offrir à nos lecteurs, pour tout ce qui est postérieur au règne d'Emmanuel, une analyse rapide des principaux événements.

CHAPITRE IX.

JEAN III. — SÉBASTIEN. — HENRI. — ANTOINE.

(De 1521 à 1585).

Jean III monta sur le trône à l'âge de dix-neuf ans; et comme le royaume était en bon état et n'avait pas besoin de l'intervention personnelle du roi dans l'administration, il ne fut d'abord question que de renouveler les traités existants avec les états voisins et principalement avec la Castille. L'empereur venait d'arriver en Espagne; il envoya complimenter le nouveau souverain et il lui fit en même temps proposer une alliance offensive contre François Ier. Le roi remercia l'empereur, mais il s'excusa de prendre part à la guerre, alléguant les traités qui existaient entre la France et le Portugal, traités qu'il ne pouvait rompre sans manquer à la bonne foi. Il s'agit ensuite du mariage de l'infante Isabelle, sœur du roi avec l'empereur. Emmanuel lui avait fortement recommandé de conclure cet hymen, et Jean III, malgré l'opposition de quelques membres du conseil, envoya son favori Louis da Silveïra à la cour d'Espagne pour traiter de ce mariage (1); mais une contestation qui survint bientôt après au sujet du navire de Magellan qui venait d'aborder au cap Vert, et dont les Portugais s'étaient emparés malgré les réclamations des Castillans, fut cause que les instructions de Silveïra furent changées, et qu'il ne parla point de l'infante.

Le duc de Bragance d'accord, dit-on, avec le nouveau favori, du moins on le croit, voulut substituer à ce projet de mariage de l'infante, celui du propre mariage du roi; et il ne craignit pas de lui proposer pour épouse la veuve de son père, se fondant sur des raisons d'État et surtout d'économie, et se flattant d'obtenir très-aisément la dispense du pape Adrien. Le roi ne put se défendre d'une secrète répugnance pour un hyménée qui devait mettre dans ses bras la femme de son père; mais les membres du conseil en grande majorité inclinaient pour la proposition du duc de Bragance, et Lisbonne qui, par son

(1) Silveïra avait été le favori de Jean lorsqu'il n'était encore que prince; Emmanuel regardant cette liaison comme dangereuse avait exilé Silveïra. Le prince le rappela aussitôt qu'il fut roi; mais Silveïra avait un rival dans la faveur de Jean, c'était Antoine de Ataïde. Le père de Silveïra lui avait fortement recommandé de ne jamais perdre le prince de vue; Silveïra ne tint aucun compte de cet avis; à son retour, il trouva son rival en possession exclusive des bonnes grâces du souverain.

titre de capitale, avait la prétention de vouloir imposer ses opinions à tout le royaume, comme si tout le royaume était représenté par une ville, adressa au roi un mémoire pour le conjurer d'accepter la main de sa belle-mère. On croit que le roi s'adressa secrètement à l'empereur qui le tira d'embarras, en demandant qu'il fût permis à la reine de se retirer en Castille avec l'infante Marie sa fille. Le roi consentit au départ de sa belle-mère, mais sur l'avis de son conseil, il retint la jeune Marie. Toutefois la reine ne partit qu'au bout d'un an (1523) et la médisance ne l'épargna pas trop pendant cet intervalle ; on tâcha de rendre suspectes ses liaisons avec le roi qui en effet montra pour elle beaucoup d'égards.

Les affaires de l'Inde livrées à des ambitieux qui ne cherchaient réciproquement qu'à se desservir et à se nuire, demandaient une main ferme et habile qui pût les préserver de leur ruine. Le roi crut ne pouvoir mieux faire que d'envoyer à Goa le fameux Vasco de Gama qui tout chargé d'années vivait encore et prenait un vif intérêt aux pays qu'il avait découverts. Aux titres que Vasco avait déjà, le roi joignit celui de viceroi avec de pleins pouvoirs. La présence du vieux marin et les sages mesures qu'il prit en arrivant ne tardèrent pas à rétablir l'ordre. Vers le même temps (1524), le roi que ses conseillers pressaient de se marier, envoya une ambassade à Charles-Quint pour lui demander la main de sa

sœur Catherine. L'empereur accueillit favorablement la demande, et Jean eut la satisfaction
de voir arriver son épouse en même temps qu'il
reçut la nouvelle des nouveaux succès obtenus
dans l'Inde. Malheureusement Vasco ne survécut
que de très-peu de temps à son arrivée; il mourut à Cochim, le 24 décembre. On lui donna
pour successeur Henri de Menezes qui se montra digne du nom qu'il portait.

Le mariage du roi avec une sœur de l'empereur fit revivre dans les deux beaux-frères le
projet de resserrer encore les nœuds qui déjà
les unissaient par un double hyménée; et l'infante de Portugal, Isabelle, ne tarda pas à devenir l'épouse de Charles-Quint (1526).

Pendant plusieurs années le Portugal jouit
d'une paix profonde, et ses vaisseaux continuèrent de parcourir toutes les mers. L'Inde voyait
tous ses rivages soumis à cette domination étrangère; il en était de même de l'Afrique; les naturels
faisaient de temps en temps quelques efforts pour
secouer le joug; il en résultait parfois des réactions
meurtrières; mais l'influence des Portugais, un
moment menacée, reprenait bientôt toute son
action. Cependant le roi de Calicut, toujours
ennemi, avait rassemblé une armée considérable
pour faire le siége d'une forteresse que les Portugais avaient construite sur son territoire, en
vertu de concessions antérieures, arrachées, il
est vrai, par la crainte; et cette forteresse, après
un long siége, fut remise en vertu d'un traité de

paix, aux mains des Indiens; mais à peine les Portugais se furent-ils éloignés que la forteresse minée d'avance, sauta et ensevelit sous ses ruines trois cents musulmans. La mort de Henri de Menezes, survenue quelque temps après, occasionna des troubles assez sérieux pour appeler enfin l'intervention du gouvernement. Pierre Mascarenhas et Lope Vaz de Sampayo se disputèrent le droit de gouverner l'Inde. Lope Vaz avait fini par l'emporter; mais le roi ayant nommé Nuno da Cunha gouverneur général, celui-ci fit en arrivant arrêter Lope Vaz, et il l'envoya en Europe où le roi lui fit faire son procès. La sentence qui intervint le dégrada de toutes ses charges et le déclara incapable de servir à l'avenir (1530). Nuno da Cunha augmenta les domaines du Portugal, et il obtint du Radjah de Cambaie, qu'il secourut contre l'empereur mogol, la faculté de construire une citadelle à Diu (1536); mais en même temps, comme par une sorte de compensation fâcheuse, les établissements du nord-ouest de l'Afrique étaient négligés et couraient risque d'être repris par les Maures.

Cependant les Indiens voyaient avec peine la forteresse que les Portugais venaient d'élever dans leur ville; le Radjah lui-même se repentit d'avoir donné son consentement. Ne pouvant la reprendre de force, il essaya de la ruse et de la perfidie; mais il tenta sans succès d'attirer dans la ville Emmanuel de Sousa qui avait le commandement de la forteresse et le gouverneur général lui-même ; mais ses intentions ayant été découvertes, il périt dans une action qui s'engagea sur mer entre les Portugais qui le poursuivaient pour l'arrêter et plusieurs de ses officiers qui l'avaient accompagné à un rendez-vous qu'il avait donné au gouverneur, et qui n'était qu'une embuscade. La mort du Radjah fut le signal de la guerre ; mais avant que les naturels eussent eu le temps de s'y préparer, les Portugais entrèrent dans Diu, s'emparèrent du palais et firent un butin immense. Pour pallier cette agression injuste, les écrivains portugais prétendent qu'on trouva dans le palais des papiers qui prouvaient que le Radjah intriguait chez tous les princes de l'Indoustan pour les amener à une ligue contre les Portugais, et qu'il avait même demandé du secours au pacha d'Egypte.

Dès que les Indiens eurent reçu la nouvelle que ce dernier avait mis à la voile, ils se mirent de tous côtés en mouvement pour qu'à l'arrivée des Turcs le siége pût commencer. La forteresse fut défendue par Antoine de Silveïra (1538) avec autant de courage et d'habileté que les Indiens et les Turcs en mirent dans leurs attaques. Une tempête, qui causa beaucoup d'avaries à la flotte turque et l'obligea de s'éloigner pour les réparer, donna le temps à Silveïra de restaurer et d'augmenter ses fortifications. Le roi Jean, instruit de son côté que le pacha d'Egypte allait en personne au siége de Diu, équipa une flotte qui portait quatre mille soldats, et nomma Don Garcia de Noronha pour aller remplacer Nuno da Cunha en qualité de vice-roi. Pendant que celui-ci était en route, le siége avait été repris et le pacha le poussait avec une vigueur nouvelle. Le brave Silveira opposa une résistance héroïque; deux femmes, Isabelle da Veiga et Anna Fernandez y déployèrent un courage extraordinaire et ne contribuèrent pas peu au succès de la défense. Le siége fut levé.

Garcia de Noronha succédait à Nuno dans le titre que celui-ci avait porté pendant dix ans avec beaucoup de gloire, mais il n'héritait ni de ses talents ni de ses grandes vues. Ce dernier, abreuvé de dégoûts par son successeur, partit pour le Portugal et mourut dans la traversée. Lorsque Jean apprit la mort de Nuno, il se reprocha de l'avoir arraché au théâtre de ses exploits; il plaignit hautement les princes qui, par le malheur de leur condition, n'apprennent jamais la vérité que par un canal étranger, d'où le plus souvent elle sort altérée. On dit qu'égaré par de faux rapports, et prêtant trop aisément l'oreille à la calomnie il avait envoyé des émissaires à l'île Tercère pour y attendre Nuno et le lui amener enchaîné. Ce ne fut qu'après la mort de ce loyal serviteur qu'il fut pleinement détrompé; mais les regrets alors ne purent rien réparer.

La conduite pusillanime du vice-roi et la paix ignominieuse qu'il fit avec les Indiens indisposèrent toute la population portugaise. Au fond, comme on pouvait rejeter ses torts apparents sur son âge avancé, on le supporta sans murmure, parce qu'on comptait sur sa fin prochaine; elle arriva en effet au commencement de l'an 1540 au bout d'environ dix huit mois à dater de son arrivée. Don Garcia avait apporté un paquet cacheté qui contenait le nom de son successeur. Ce paquet ouvert après sa mort fit connaître que le choix du roi était tombé sur Etienne de Gama fils de Vasco. Etienne en acceptant les hautes fonctions de vice-roi, fit procéder par un officier public à l'inventaire exact de tout ce qu'il possédait au moment de son inauguration; il voulait pouvoir prouver quand son administration cesserait qu'il ne s'était point enrichi par elle.

Cette même année fut une année de deuil pour la famille royale, qui perdit l'infant don Antoine et le cardinal infant don Alphonse, fils l'un et l'autre du roi Jean. D'un autre côté, ce fut à la même époque que, par l'entremise de l'ambassadeur portugais à Rome, le jésuite Simon Rodriguez vint fonder une maison à Lisbonne, et que le pieux François-Xavier, que l'Église compte au nombre de ses saints, se rendit dans la même ville, pour aller de là porter dans l'Inde la pure lumière de l'Évangile. Simon ne tarda pas à gagner la confiance du roi, qui le nomma gouverneur du prince royal.

Etienne de Gama avait trouvé dans les in-

structions, données par le roi à son prédéces-
seur, l'ordre de parcourir la Mer Rouge, pour y
combattre la flotte turque et la détruire. Le
vice-roi jugea l'entreprise assez importante pour
s'en charger en personne ; toutefois, l'expédition
ne réussit pas ; les Turcs, prévenus d'avance
par quelque avis secret, avaient réuni des forces
si considérables que le vice-roi s'estima heureux de pouvoir se retirer sans perte. Avant
d'arriver au détroit, il s'approcha de la côte
d'Abyssinie, où il laissa son frère Christophe,
avec quatre cents hommes, pour aider l'empereur de cette contrée, dans une guerre qu'il
soutenait contre un prince voisin. Christophe
remporta de très-grands avantages ; et, en faisant combattre les Abyssins mêlés avec les
Portugais, il les aguerrit ; mais, surpris par la
nuit dans une de ses marches, il s'égara, se sépara involontairement de sa troupe, et tomba
dans les mains de ses ennemis, qui le firent
périr d'une manière cruelle. Cette mort ne resta
pas impunie ; les Abyssins et les Portugais
réunis, remportèrent une victoire complète sur
les ennemis, et le meurtrier de Christophe de
Gama resta mort sur le champ de bataille.

On agitait alors (1542), à Lisbonne, la
grande question de savoir si les places que les
Portugais occupaient en Afrique leur étaient
utiles, ou si, plutôt, elles ne leur étaient pas à
charge. On fit courir le bruit que les puissances
étrangères désiraient qu'on en fît l'abandon ; et

les Portugais dirent : les uns, que la possession de ces places n'enrichissait personne ; les autres, que les Portugais, au lieu d'y gagner quelque chose, y perdaient beaucoup de soldats, dont le courage serait bien mieux employé dans l'Inde. Le roi Jean qui, au fond, avait toujours paru prendre peu d'intérêt à ces places, adopta l'avis des derniers, et il fut décidé qu'on abandonnerait aux Maures Assafi et Azamor ; peu de temps après, on leur livra Arzila, et plusieurs autres villes ; on ne garda que Tanger, Ceuta et Mazagan.

L'année suivante (1543), le roi de Portugal donna sa fille Marie à l'infant Philippe, fils de Charles-Quint. Trois Portugais, que le commerce attirait à Canton, surpris par un de ces ouragans qui sont assez communs dans la mer de la Chine, furent jetés sur les côtes du Japon. Ils y trouvèrent les habitants disposés à trafiquer avec eux ; et, après y avoir échangé leurs marchandises contre des lingots d'argent, ils reprirent le chemin de Malaca, où ils arrivèrent heureusement.

Le nouveau vice-roi de l'Inde, Alphonse de Sousa, qui, dès l'année précédente, avait été envoyé pour remplacer Etienne de Gama, s'était occupé avec succès d'améliorations importantes dans l'administration. Malheureusement l'esprit d'égoïsme et d'avarice commençait à dominer dans l'Inde portugaise ; tous ceux qui arrivaient d'Europe, avec le seul désir de s'enrichir, se plaignaient de ce qu'on ne leur en donnait pas les occasions. Ils accusaient le vice-roi d'indifférence pour l'intérêt général ; ils donnaient à entendre que si le vice-roi négligeait des expéditions où il pourrait acquérir à l'État des richesses immenses, c'était parce que son inaction lui était payée. Le roi, fatigué de tant de dénonciations, et se laissant peut-être entraîner par l'espérance de posséder les trésors qu'on lui annonçait, envoya l'ordre au vice-roi d'aller s'emparer de la pagode de Trémélé, à douze lieues au-delà de St.-Thomé. Alphonse obéit, quoiqu'il pressentît que cette expédition, regardée par les naturels comme sacrilége, ne produirait que du mal. Tout ce qu'on trouva dans la pagode envahie, ce fut un vase d'or, qui servait à laver l'idole. Tous les habitants coururent aux armes ; ce ne fut qu'avec beaucoup de peine que les Portugais réussirent à regagner leurs vaisseaux ; et la cour, qui avait ordonné cette expédition de vandales, peu satisfaite sans doute du résultat, ordonna la restitution du vase et fit donner au Radjah toutes les satisfactions possibles.

Don Jean de Castro succéda à Alphonse de Sousa (1545) ; son premier soin fut de pourvoir toutes les places de vivres, de munitions et de soldats. Don Jean Mascarenhas qui avait reçu le commandement de la forteresse de Diu, avait fait prendre cette mesure générale en demandant du secours pour lui-même, sur le motif qu'il s'attendait à être assiégé au retour du printemps. Il ne se trompait point, et il eut à soutenir (1546) un siége qui ne fut ni moins long, ni moins opiniâtre que celui qu'avait soutenu Antoine de Silveïra : la défense ne fut pas non plus moins glorieuse. Le siége dura près de six mois. Les naturels avaient réuni toutes leurs forces. Castro arriva enfin avec tout ce qu'il avait pu réunir de soldats, et secondé par le brave Mascarenhas, il força les Indiens à lever le siége, après une sanglante bataille où tous leurs chefs, tous leurs plus braves guerriers périrent.

Le Brésil, depuis la découverte de Cabral, avait été négligé par les souverains, qui se contentaient de faire des cessions de territoires à des particuliers, où même d'y envoyer comme à un exil, certaines classes de condamnés, ou des chrétiens suspects, de race maure ou juive. Ce ne fut guère qu'en 1549, que Jean III prit réellement possession comme roi de ce vaste pays. Il y envoya Thomas de Sousa avec le titre de gouverneur. Les cinq vaisseaux qui formaient l'escadre de Sousa renfermaient les personnes dont se devait composer l'administration ecclésiastique, civile et militaire, un bon nombre de cultivateurs, trois cent vingt soldats, autant de condamnés, et des ouvriers de toute sorte pour construire une ville qui fut celle de San-Salvador, séjour futur du vice-roi, de l'archevêque et de toutes les autorités du pays.

Mais pendant que le Brésil se colonisait, la domination portugaise en Afrique commençait à décliner sensiblement, et le pouvoir croissant du Shérif de Sus qui, après avoir dépouillé son frère aîné de Fez et de Maroc, menaçait d'envahir les villes que les Portugais conservaient, inspirait au roi de vives et justes inquiétudes. Frappé du danger que couraient ces villes, le roi songea sur-le-champ aux moyens de les mettre à l'abri de toute attaque des Maures; il en augmenta les garnisons, en répara les murailles; puis envoya l'ordre de bâtir une forteresse, et en même temps de faire sauter Arzila, ce qui fut exécuté. Bientôt après, on prétendit que la forteresse nouvelle, de même que la possession d'Alçazar Ceguer, étaient inutiles; le roi envoya sur les lieux le brave défenseur de Diu, Mascarenhas; et sur le rapport de celui-ci, les deux places furent démantelées et abandonnées. Cela ne suffisait point pour la sûreté de Tanger et de Ceuta; le roi s'attacha autant qu'il le pouvait à diminuer le pouvoir du Shérif, en fournissant des secours aux princes dépossédés. La fortune ne favorisa pas ses premières tentatives. Ignace Nunes Gato, envoyé en Afrique pour ramener Muley dans ses états avec cinq vaisseaux et cinq cents hommes, fut fait prisonnier avec tout son monde par le dey d'Alger qui vint l'attaquer avec vingt-quatre galères.

Le roi Jean échoua pareillement dans les négociations qu'il ouvrit à Rome après la mort de

Paul III (1549) pour faire élire son frère le cardinal Henri ; ce fut Jules III que le conclave fit monter sur le siége apostolique. Cinq ans après le roi demanda pour son fils, le prince Jean, le seul qui lui restait de tous les fils qu'il avait eus, la princesse Jeanne, fille de l'empereur et de l'infante de Portugal, Isabelle, et il l'obtint sans difficulté. Le mariage eut lieu vers le commencement du printemps (1554), mais neuf mois n'étaient pas encore écoulés que le prince à peine âgé de seize ans, mourut le 2 janvier des suites, dit-on, d'une soif inextinguible, soif qui, s'il faut en croire Dufaria, provenait de sa trop grande assiduité auprès de la princesse; soif que le prince avait cherché à satisfaire, sans pouvoir l'assouvir, en avalant une énorme quantité d'eau pluviale. Le 19 du même mois, la princesse Jeanne mit au monde un fils qui reçut le nom de Sébastien. Dans le mois de mai, Philippe II roi d'Espagne, partant pour l'Angleterre pour épouser la reine Marie, fille du fameux Henri VIII, demanda au roi Jean de lui envoyer sa belle-fille à laquelle il voulait laisser pendant son absence le gouvernement de l'Espagne. L'infant Don Louis, frère du roi, prince rempli de courage et de talents mourut la même année (1555) ; c'était l'époque de décadence qui commençait pour le Portugal. Ce prince laissa pour unique héritier un fils naturel suivant les uns, légitime suivant les autres, connu sous le nom d'Antoine, prieur de Crato.

Le roi Jean ne survécut que d'environ trois ans à son fils; il n'était encore que dans la cinquante-cinquième année de son âge, mais il survivait à tous ses enfants, et la douleur de tant de pertes cruelles accéléra incontestablement le terme de sa carrière. Il mourut (1559) au moment où son expérience, sa fermeté, sa prudence et son zèle pour le bien public étaient le plus nécessaires au Portugal, tant pour la conservation et l'augmentation de ses colonnies, que pour le maintien de la paix du royaume et de son indépendance, à une époque où l'ambition insatiable du roi d'Espagne (Philippe II) menaçait tous les potentats de l'Europe. Il fut inhumé dans le couvent de Belem auprès de son père, Emmanuel. Celui-ci avait commencé les constructions de ce monastère; Jean les avait terminées.

Peu de jours avant sa mort (11 jours) il avait écrit de sa propre main ses dernières volontés; il nommait la reine tutrice de l'infant Sébastien, son petit fils, et en même temps régente du royaume; il voulait de plus que sa veuve conservât la tutelle et la régence jusqu'à ce que Sébastien aurait accompli sa vingtième année; ce qui ne fut exécuté qu'en partie. Jean a légué à ses descendants un nom révéré. Toute sa vie il se montra zélé pour les progrès de la religion. Il avait appelé dans son royaume la société des jésuites, afin d'avoir des ouvriers évangéliques dont il pût doter ses colonies dans les deux mondes. Beaucoup de nations païennes, musulmannes, où même complétement sauvages lui ont dû les lumières du christianisme qui les a fait sortir de la barbarie. Il transféra de Lisbonne à Coïmbre l'ancienne Université qu'il reconstitua, et à laquelle il attacha des maîtres et des professeurs habiles qu'il attira des pays étrangers par de grandes largesses. Ce fut lui qui établit l'inquisition dans tous ses états en vertu d'une bulle de Paul III ; et il faut se hâter de dire que ce prince dont le zèle n'était point du fanatisme, ne voulut, par cette institution, que mettre un frein au scandale que causaient les juifs par des abjurations feintes qui ne les empêchaient pas de se livrer aux pratiques du judaïsme, moyen par lequel ils éludaient le décret d'expulsion, afin de s'abandonner à l'usure et à leurs autres branches d'industrie. Si cette institution a dégénéré, si quelquefois des inquisiteurs exaltés par un faux zèle se sont montrés imprudents et cruels, ce n'est point au roi Jean qu'il faut s'en prendre, c'est au vice inhérent à toutes les créations humaines, qui s'altèrent à mesure qu'elles s'éloignent de leur origine. Jean construisit beaucoup d'églises et fonda un grand nombre d'établissements religieux. Il fut clément sans faiblesse, ferme sans inflexibilité, juste sans rigueur ; il avait pour maxime qu'on doit s'abstenir de moyens violents quand on peut réussir par la douceur. Les anciennes lois ordonnaient que

les voleurs fussent marqués sur la figure. Il abro-
gea cette disposition, disant que si ces hommes
cherchaient à se corriger il ne fallait pas les en
empêcher en les signalant, en laissant subsister
sur leur front les marques de leur flétrissure.

On n'appela point ce prince *heureux* ou *fortuné* comme son père ; quoiqu'il n'eût ni moins
de *vertus*, ni moins de lumières ni moins d'a-
mour pour le bien public, ses dernières années
furent troublées par bien des inquiétudes : on
commençait à ressentir la conséquence de l'a-
bandon des positions qu'on avait en Afrique ; on
apercevait des signes progresifs de décadence se
manifestant dans l'Inde ; le roi avait vu la tombe
s'ouvrir pour recevoir prématurément tous
ses frères, tous ses enfants ; et si dans toutes ces
pertes il trouvait matière à exercer sa patience,
il y trouvait aussi le renouvellement de toutes
ses douleurs.

Ce prince eut quelques connaissances, et il
protégea ceux qui cultivèrent les lettres ; mais,
sous le rapport scientifique et littéraire, le Portugal était bien en arrière de l'Espagne et
même des autres pays de l'Europe ; il fut au
surplus sage dans sa politique ; il sut toujours
se maintenir en paix avec la France sans exciter le mécontentement de l'empereur dont il
était beau-frère. On vante surtout la sagesse de
son administration en matière d'impôt, il n'en
établit jamais qui ne fussent nécessaires, et dont
la perception et le taux ne fussent calculés de

manière à ce que le peuple en souffrît le moins possible (1).

La reine Catherine se conduisit avec beaucoup de prudence, et son administration fut telle que les Portugais qui n'avaient pas voulu être gouvernés par la reine Léonor parce qu'elle était étrangère, regrettèrent le gouvernement de Catherine, bien qu'elle fût aussi étrangère, lorsque des intrigues de cour la forcèrent d'abandonner la régence en 1562. Déjà deux ans auparavant elle avait voulu se débarrasser du poids des affaires; mais sur les vives instances du conseil et de plusieurs prélats, elle consentit à garder encore le pouvoir; mais de nouvelles contrariétés ne tardèrent pas à lui faire reprendre son premier dessein. Elle convoqua donc les trois États du royaume, et dans la réunion qui eut lieu le 13 décembre, un des serviteurs de la reine remit à un membre de l'assemblée un écrit qu'il le pria de lire à haute voix. C'était la renonciation formelle de la reine à la régence, avec un exposé des motifs qui la déterminaient. Elle disait entre autres choses que, par les soins qu'elle s'était donnés, le Portugal était parvenu à un très-haut degré de puissance; mais elle ajoutait que ces soins mêmes avaient tant usé son tempérament, qu'elle ne trouvait plus la force nécessaire pour supporter la charge que son mari

(1) Ce fut sur la fin de son règne (1548) que les navigateurs portugais transportèrent de la Chine, dans leur patrie, les premiers orangers.

lui avait imposée. Comme elle insistait beaucoup sur ces considérations, on peut croire que prévoyant de fâcheuses catastrophes, elle voulait se retirer du gouvernement avec gloire, avant que des événements contraires fussent venus effacer des esprits le souvenir de son administration. La domination portugaise se soutenait en effet dans l'Inde, aux Moluques, en Afrique, au Brésil ; le Portugal lui-même, malgré son peu d'étendue en Europe, jouissait de la considération qu'on n'accorde qu'aux États du premier rang ; mais en Afrique les Maures avaient assiégé Mazagan avec des forces considérables, et quoiqu'ils eussent été victorieusement repoussés, ils menaçaient de reparaître dans peu de temps ; dans l'Inde, l'esprit de révolte contre la domination étrangère s'étendait sur toutes les possessions portugaises, depuis Malacca jusqu'à Diu ; en Amérique, les Hollandais s'étaient rendus maîtres de San-Salvador, et il était à présumer ou à craindre que quelque grand désastre ne survînt. La reine pouvait donc avoir une juste cause pour abdiquer la régence. Au fond, tous les membres de l'assemblée connaissaient les véritables motifs de la reine, et tous avaient à cœur de les faire cesser ; mais on eut beau employer les prières et les remontrances, elle resta inflexible, et ce ne fut que sur son refus prolongé que les états, suivant le désir qu'elle en avait montré, donnèrent la régence au cardinal-infant don Henri, qui au surplus déclara qu'il ne la conserverait que jusqu'au moment où le roi aurait accompli sa quatorzième année.

L'un des premiers actes de la nouvelle régence fut l'acceptation pure et simple des constitutions du concile de Trente. Le régent prit ensuite quelques mesures pour augmenter la garnison de Tanger que les Maures se disposaient à investir; il équipa aussi une flotte pour aider Philippe II à conquérir, sur la côte africaine, le rocher fortifié de Los Veles et la ville qu'il domine. D'un autre côté, son administration ne le faisait pas aimer des Portugais; il avait obtenu du pape la permission de lever sur le clergé, pendant cinq ans, un subside de cinquante mille cruzades; mais cette permission n'avait été accordée que sous la condition que la flotte, qui serait équipée avec ces fonds, serait appelée flotte du clergé, et soumise à la volonté du souverain pontife. Les Portugais regardaient ces conditions comme injurieuses pour le Portugal, et murmuraient hautement contre le régent. On lui sut aussi mauvais gré des vexations de tout genre qu'il fit éprouver au prieur de Crato, l'infant don Antoine, fils de l'infant Louis, dont on vénérait la mémoire. Ces vexations étaient si continuelles et en même temps si injustes que l'infant ne pouvant les supporter plus longtemps s'enfuit en Castille. Il fallut toute l'influence du roi d'Espagne pour qu'il pût rentrer en Portugal et y recevoir un traitement convenable.

Le roi devenu majeur (1568), fut censé prendre en mains les rênes du gouvernement; mais le cardinal-infant n'en resta pas moins chargé, et cela devait être. Sébastien était majeur, c'est-à-dire qu'il avait quatorze ans; mais comme le titre de roi et la qualité légale de majeur ne donnent ni la raison ni l'expérience que tout homme, roi ou sujet, ne peut acquérir que par les années, il était évident que le roi majeur était encore moins en état de conduire un royaume que le cardinal, malgré le peu de capacité qu'il n'avait cessé de montrer.

Des corsaires de la Rochelle avaient surpris et pillé l'île de Madère où ils avaient fait un butin immense. Le cardinal fit demander réparation à la cour de France, et il ne l'obtint pas; on ne lui fit que des réponses vagues. On prétend seulement que le roi de France, ou pour mieux dire Catherine de Médicis, offrit à l'ambassadeur portugais la main de Marguerite de Valois pour le roi Sébastien; on ajoute que probablement ce mariage aurait eu lieu sans l'opposition du pape Pie V, opposition fondée sur ce que le royaume de France était infecté d'hérésie; mais ni Marguerite de Valois ni le roi son frère n'étaient hérétiques; le zèle du souverain pontife dut être excité par quelqu'autre motif. Cependant, pour que Sébastien ne restât pas sans épouse, Pie V conseilla à la reine Catherine de demander à l'empereur une de ses filles. Catherine s'adressa au roi

d'Espagne qui rendit une réponse assez vague ;
il est possible que déjà Philippe à cette époque
songeât à hériter du Portugal si le jeune roi venait à mourir sans postérité. D'un autre côté
l'empereur était embarrassé. Il n'avait que deux
filles ; l'aînée était promise à l'infant d'Espagne
Don Carlos ; la seconde avait été déjà demandée
pour le roi de France (Charles IX), et il ne voulait
pas rompre avec ce prince : il temporisa , mais
il finit par donner la préférence à Charles IX.

Le règne de Sébastien , à compter du moment où il sortit réellement de tutelle ,
n'offre rien de bien remarquable. On sait qu'il
avait beaucoup de courage, et qu'il était très-
zélé pour la religion. Sa piété, qui était sincère,
ne pouvait manquer d'acueillir la proposition
de l'archevêque de Braga de convoquer un concile national pour introduire la réforme dans
les institutions où s'étaient glissés des abus plus
ou moins répréhensibles ; et la même année
(1566) il fournit des sommes considérables, au
grand-maître , La Valette, qui avait forcé les
Turcs par sa défense opiniâtre à lever le siége
de Malte , et qui était obligé de reconstruire la
ville, toute ruinée par l'artillerie des assiégeants.
Bientôt les nouvelles qu'il reçut de ses possessions d'Afrique l'excitant à prendre les armes
en personne, il partit pour Tanger avec autant
d'ardeur pour combattre les Maures que les anciens croisés en montraient jadis dans la Palestine contre les musulmans (1174). Il obtint d'abord

des succès qui enflammèrent son jeune courage;
il n'avait alors que vingt ans; il revint en Portugal avec des lauriers et une gloire qu'on aime
à cet âge. Quatre ans s'étaient à peine écoulés,
qu'un chef maure, son allié, lui demanda quelques secours contre le roi de Fez et de Maroc,
Abdelmélik. Sébastien répondit à cet appel
non-seulement en envoyant des troupes avec
l'élite de la noblesse du royaume, mais encore
en se plaçant lui-même à la tête de son armée. Il prit terre à Tanger dans les premiers
jours de juillet (1538); au bout d'un mois, il
rencontra l'armée de Maroc, infiniment supérieure à la sienne par le nombre, et défendue
par une très-bonne position. Malgré l'avis de
tous ses officiers, Sébastien donna le signal du
combat, c'était le 4 août, dans les champs d'Al-
çacer-Quivir, lieu plusieurs fois arrosé de sang,
jour funeste pour les Portugais qui perdirent
leur roi, l'élite de leur noblesse et de leurs
guerriers, et ce prestige de valeur indomptable,
d'invincibilité dont tant de victoires les avait en-
tourés jusqu'alors aux yeux des Maures.

Le prince, pour qui Sébastien s'était armé, périt dans un marais voisin du champ de bataille;
le roi de Maroc qui était dangereusement malade
et qui s'était fait transporter dans une litière au
milieu de ses troupes, put les voir victorieuses,
mais non jouir de leur triomphe, il mourut le
même jour. Quant à Sébastien il paraît qu'il fut
tué dans la mêlée; mais, comme on ne put re-

trouver son corps ni parmi les blessés, ni parmi les morts, quelques recherches qu'on pût faire, on publia mille contes, comme on l'avait fait après la fameuse bataille de Guadalete pour le goth Rodéric ou Rodrigue, comme on le fit plus tard en Aragon après la désastreuse journée de Fraga pour Alphonse-le-Batailleur. On publia que Sébastien s'était sauvé de la mêlée et que, se repentant amèrement d'avoir entrepris légèrement cette guerre et d'avoir fait périr tant d'hommes pour une cause qui n'était pas même la sienne, il s'était retiré dans un désert pour y faire pénitence. Ce qui est certain, c'est que ce bruit, tout invraisemblable qu'il paraissait, causa, quelques années plus tard, l'apparition de deux faux Sébastien, comme nous le dirons bientôt.

Sébastien, mourant à vingt-cinq ans, sans postérité d'aucune espèce, emportait au tombeau toutes les espérances du Portugal; les gens sensés ne virent plus dans l'avenir que désastres, guerres intestines, perte de nationalité. Ils craignaient d'abord tous les troubles qui naissent de l'interrègne, quelque court qu'il soit; ceux que produit le contact des prétentions diverses; ils craignaient même la nullité sur le trône de ceux dont le droit était le plus apparent. Parmi les concurrents qui demandèrent la dépouille de Sébastien, on comptait d'abord le cardinal-infant Henri, fils d'Emmanuel; venait ensuite le prieur de Crato, don Antoine, fils de l'infant Louis, aussi frère d'Emmanuel ; Louis était même l'aîné de Henri ; mais Antoine, qui le représentait, avait suivi le roi Sébastien en Afrique, et avait été laissé pour mort sur le champ de bataille ; ce ne fut que longtemps après, qu'il put revenir en Portugal. Un autre frère du roi Jean III, nommé Edouard, qui avait épousé la fille du duc de Bragance, don Jacques, avait laissé une fille nommée Catherine, qui épousa le duc de Bragance, Jean Ier, son cousin. Celui-ci, seul représentant par sa femme de l'infant Edouard, réclamait pareillement, de son chef, le trône de Portugal ; Philippe II y prétendait aussi ; mais il avait contre lui son origine castillane, et les évènements prouvèrent que pour ceindre son front de cette couronne, il devrait avoir recours à la force des armes.

Les états convoqués au commencement de l'année suivante (1579), pour choisir entre les divers prétendants, donnèrent la préférence au cardinal Henri ; bien qu'on prévît qu'à sa mort il faudrait recourir à une autre élection, ce qui ne manqua pas d'arriver au bout d'un an ; car Henri mourut le 31 janvier 1580. Les intrigues des trois candidats survivants recommencèrent ; le duc de Bragance, Philippe II et le prieur de Crato, se retrouvèrent naturellement dans la lice. Ce dernier était revenu d'Afrique. Un ancien esclave de l'infant don Louis, voulut reconnaître en faveur du fils le bienfait qu'il avait reçu du père, et cachant adroitement le rang du captif, il lui avait procuré la liberté. Antoine en avait profité pour revenir dans sa patrie. Là, il avait voulu qu'on reconnût ses droits, afin de les faire valoir à la mort de son oncle Henri; et, comme Philippe II lui opposait le défaut de légitimité, et que, de son côté, il prétendait que sa mère Yolande-Gomez Barbosa, avait été l'épouse légitime de l'infant don Louis, le jugement de la contestation avait été remis aux mains de l'évêque d'Algarva, qui prononça en faveur d'Antoine. Henri craignit alors qu'Antoine, qui aurait dû l'emporter sur lui-même comme représentant de Louis, qui était son aîné, ne cherchât, même de son vivant, à le supplanter, il trouva que le meilleur moyen de l'empêcher, ce fut de supprimer toutes les pièces justificatives de la naissance d'Antoine, de même que la sentence de l'évêque. On prétend que le cardinal s'était laissé influencer par les agents du roi d'Espagne. Toutefois, après la mort de Henri, autant par affection pour Antoine que par répugnance pour la domination espagnole, le peuple de Lisbonne, soutenu par une grande partie de la noblesse, proclama, pour souverain, le prieur de Crato, qui prit aussitôt possession du palais et de l'arsenal. Philippe confia la défense de ses droits à une armée et à son meilleur général, Ferdinand de Tolède, plus connu sous le nom de duc d'Albe.

Antoine avait rassemblé quelques troupes; mais la marche des Espagnols avait été si rapide, que les Portugais, surpris dans les faubourgs de Lisbonne, furent complétement défaits. Le déloyal Philippe mit à prix la tête de son rival ; il offrit, à qui le lui offrirait mort ou vif, quatre-vingt mille ducats. Les Espagnols ne trouvèrent point de résistance dans la ville même ; l'or de Philippe y avait acheté de nombreux partisans. Antoine s'enfuit vers la Galice, et fut poursuivi par Sanche d'Avila. Se voyant près d'être atteint, il se jeta dans un bateau, déguisé en matelot. Il prit ensuite un habit de moine, et il erra plusieurs mois dans le Portugal, toujours obligé de se cacher et de fuir, jusqu'à ce qu'ayant réussi à s'embarquer sur un navire flamand, il gagna la Hollande, et de là se rendit en France, d'où il passa en Angleterre, demandant partout des secours pour recouvrer ses états, et n'en trouvant nulle part. Enfin, il retourna en France, où Henri IV lui accorda un asile. Il mourut à Paris, en 1595, à l'âge de soixante-quatre ans. Il recommanda, en mourant, ses enfants au roi de France, auquel il fit cession de tous ses droits sur la couronne de Portugal ; mais Henri ne songea pas à réclamer l'objet de ce legs (1).

(1) Antoine laissait deux fils, Christophe, qui mourut à Paris en 1638, après avoir voyagé en Afrique et en Italie ; et Emmanuel qui, deux ans après la mort de son père, épousa une fille du prince d'Orange, Guillaume Ier. Pendant qu'Antoine tâchait, dans le Portugal, de relever sa fortune, le roi de France, Henri III, lui envoya un secours de six mille hommes ; mais l'escadre qui les transportait fut obligé de se retirer devant une nombreuse flotte espagnole.

CHAPITRE X.

—

DOMINATION ESPAGNOLE. — AVÉNEMENT DE LA
MAISON DE BRAGANCE.

—

(De 1585 à 1856),

Philippe II se fit proclamer à Lisbonne où il vint en personne prendre le sceptre que le duc d'Albe lui avait conquis. Au reste, l'illégitimité d'Antoine une fois reconnue, il avait des droits incontestables, puisqu'il était fils d'Isabelle sœur de Jean III. Ils lui furent toutefois contestés par deux imposteurs qui parurent dans la même année (1585). L'un était fils d'un potier ou fabricant de tuiles du village d'Alcasova; l'autre était né dans l'île de Tercère d'un tailleur de pierres, nommé Alvarez. Ces deux prétendants, pour s'accommoder probablement à la fable qui faisait vivre Sébastien dans la pénitence au fond d'un désert, parurent l'un et l'autre en habit d'ermite. Le premier était accompagné d'un intrigant qui se donnait pour évêque, et il recommandait *le roi Sébastien* à la charité de ses sujets. Quelques paysans séduits firent des aumônes ; mais pour arracher une couronne au puissant Philippe II, il fallut plus que les secours de quelques paysans. Le faux Sébastien et son complice furent arrêtés et conduits à Lisbonne. Celui-ci fut pendu ; *le roi* fut envoyé aux galères.

Ce triste résultat ne découragea nullement Alvarez ; mais il s'y prit d'une autre manière ; comme il ressemblait, dit-on, au vrai Sébastien, et qu'il avait les cheveux blonds comme ce prince, bien des gens s'y trompèrent ; mais à ceux qui voulaient le traiter comme roi, il disait avec un ton de bonhomie qui les confirmait davantage dans leur opinion qu'il n'était que le fils d'un pauvre tailleur de pierres et qu'on se méprenait. Comme au surplus il menait une vie en apparence très-austère, on crut qu'il ne refusait que par humilité de se laisser reconnaître. Lorsqu'il vit chacun bien accrédité, Alvarez usa d'un nouveau stratagème ; il se levait souvent à minuit, et là dans des prières ferventes qu'il adressait au ciel, et qu'il avait soin de faire à haute voix pour qu'on les entendît, il s'écriait : ô mon Dieu ! faites que je puisse me découvrir à mes sujets, et recouvrer le royaume de mes pères. Ce grossier artifice réussit à Alvarez, et peu de temps après son secret fut su de tout le monde ; de sorte que chacun accourait en versant des larmes de joie auprès du bon roi Sébastien. Il avait rassemblé un millier d'enthousiastes : l'archiduc Albert, vice-roi de Portugal, envoya contre lui un corps de troupes ; celles de l'imposteur se dispersèrent au premier choc. Arrêté dans sa fuite, Alvarez fut conduit à Lisbonne, jugé, condamné et exécuté.

Douze ou treize ans s'écoulèrent sans qu'il fût plus question de Sébastien. Au bout de ce temps (1598) il en parut un troisième à Venise, et l'identité de celui-ci n'a jamais été ni bien reconnue ni contestée avec un plein succès. Tous les Portugais qui se trouvaient dans cette ville et qui avaient connu le roi Sébastien prétendirent le retrouver dans cet inconnu. Conduit devant des juges nommés pour informer, il soutint qu'il était Sébastien; le son de voix, la taille, les traits du visage étaient tout à fait les mêmes. Il dit que les Maures qui l'avaient fait prisonnier ne l'avaient pas reconnu. Il fit voir sur son corps certains signes qu'on avait remarqués sur celui de Sébastien ; il parla aux membres du sénat de certaines particularités dont le sénat lui avait autrefois fait parler en secret par ses ambassadeurs. Ses réponses furent si précises que les juges le remirent en liberté, mais l'ambassadeur de Philippe exigea qu'on l'expulsât de Venise. Arrêté à Florence, il fut conduit à Naples où on l'exposa aux insultes de la populace ; puis on lui rasa les cheveux et on le mit aux galères. Philippe le craignait encore : il le fit conduire en Espagne et jeter dans une prison où il mourut, dit-on, empoisonné. Plusieurs historiens, et notamment Herrera dans son histoire générale d'Espagne, conviennent que les Portugais s'obstinaient à regarder le proscrit comme leur roi, le vrai Sébastien.

Le Portugal, devenu province espagnole, n'a plus d'histoire particulière jusqu'au moment où il brisa le joug. Ce moment ne pouvait venir sous Philippe II, tyran soupçonneux et cruel, qui regardait comme coupables ceux dont il se méfiait, et qui pouvait de sa colère écraser le Portugal révolté. Sous Philippe III, prince inepte, indolent, mais dur et sans talents d'aucune espèce, plusieurs seigneurs portugais avaient déjà travaillé sourdement à détruire le pouvoir espagnol, en lui ôtant l'appui de l'opinion ; sous Philippe IV qui monta sur le trône en 1621, et qui aux vices de son père joignait l'inexpérience, l'incurie et l'amour exclusif des plaisirs ; sous ce prince, livré à un ministre inhabile qui manquait de prévoyance pour empêcher le mal et de talent pour le guérir, l'occasion semblait devoir se présenter plus propice : les Portugais l'attendirent, et lorsqu'elle vint ils ne la laissèrent pas échapper.

La domination espagnole fut loin d'être favorable à la monarchie portugaise ; et dans cette longue période de soixante ans (1580 à 1640), la prospérité de cette dernière déclinant rapidement finit par s'anéantir tout à fait. On eût dit que les trois Philippe, prévoyant que ce royaume échapperait à leurs successeurs, cherchaient systématiquement à l'affaiblir au point de le laisser sans puissance quand ils le rendraient à ses anciens rois. Ce fut surtout dans les colonies d'Afrique et d'Asie que ce résultat devint rapidement sensible. S'il le fut moins dans le Brésil, c'était parce que ce vaste pays n'avait pour habitants que quelques hordes sauvages qui n'avaient pas d'intérêt à détruire quelques établissements qui s'étaient formés sur la côte. Encore Philippe III laissa-t-il les Hollandais s'emparer en 1624 de San-Salvador et par conséquent du Brésil.

Vers le milieu du XVI⁰ siècle la domination des Portugais s'étendait depuis Columbo dans l'île de Ceylan, jusqu'à Diu à l'entrée du golfe de Cambaye. Bassaim, Daman, Chaul sur la côte de Malabar étaient devenus des places considérables de commerce. Daman eut même une citadelle très-forte, qui sur la fin du siècle suivant vit échouer tous les efforts du fameux Aurengzeb pour s'en rendre maître. Les villes de Bombay et d'Onore, importantes la première par son excellent port, la seconde par la qualité supérieure du poivre que son territoire produit, étaient aussi au pouvoir des Portugais qui, possesseurs des points principaux de la côte occidentale de la presqu'île, voulurent planter leur drapeau sur la côte orientale et passèrent le détroit de Manasa pour s'aller établir à Négapatnam, à Méliapour, à Masoulipatnam.

C'était sur la cime d'une montagne voisine de Méliapour, que les Portugais prétendaient a voir découvert le tombeau de l'apôtre saint Thomas; aussi avaient-ils entouré Méliapour de remparts et décoré son intérieur de palais, d'églises et de colléges. Les ruines de Méliapour ont fourni des matériaux pour les constructions de Madras. Dela côte de Coromandel à Malacca, la distance n'était pas très-grande; les Portugais l'avaient franchie, et de Malacca où ils s'établirent, ils allèrent visiter chez eux les Chinois. Des pirates s'étaient rendus maîtres de Macao, les Chinois appelèrent les Portugais à leur secours; les pirates furent expulsés et l'empereur par reconnaissance permit aux Portugais d'ériger un comptoir dans l'île de Macao. De là, dit Mafféi, sortirent les navigateurs qui, remontant au nord, trouvèrent le Japon.

Cinquante ans avaient suffi aux Portugais pour fonder un empire dans l'Inde; il fallut moins de temps pour le renverser. Plusieurs causes réunies contribuèrent à sa chute. Ils avaient trop peu de troupes pour garder une telle étendue de côtes, et leurs établissements se trouvaient situés à de si grandes distances l'un de l'autre qu'ils ne pouvaient se secourir mutuellement. Les gouverneurs, de même que les vice-rois qui résidaient à Goa, sachant que leurs fonctions devaient cesser au bout de trois ans, employaient ce temps, d'une manière plus avantageuse à leurs intérêts personnels qu'à l'intérêt général.

Afin que les autres n'éclairassent pas de trop près leur conduite ils fermaient les yeux sur tous les abus, et pourvu qu'ils s'enrichissent eux-mêmes ils souffraient que chacun pût s'enrichir. Aussi l'histoire de la domination portugaise durant cette période de décadence ne se compose que du récit des malversations communes des administrateurs. La race des Almeida, des Albuquerque, des Silveïra, des Mascarenhas semblait éteinte ; la soif de l'or avait pénétré partout et formé des marchands : les guerriers avaient disparu.

Sébastien ou pour mieux dire le cardinal-régent, avait peuplé Goa de religieux et d'inquisiteurs. Ce n'était pas en condamnant aux supplices de malheureux Hindous qu'on faisait chrétiens malgré eux, que François-Xavier avait fait de nombreux prosélytes. Henri successeur de son neveu, n'améliora pas le sort des Hindous. Aussi ce gouvernement qui avait compté pour vassaux plus de cent radjahs de la péninsule, détesté des Hindous, des juifs et des musulmans et destitué de forces militaires, devait tomber à la première secousse.

Mais de toutes les causes qui entraînèrent la ruine des Portugais dans l'Inde, la plus active, la plus efficace, ce fut le renversement du système d'administration qu'Emmanuel avait commencé, que Jean III poursuivit, que Sébastien négligea et que Philippe II et ses successeurs proscrivirent. D'abord ces derniers voulurent priver le Portugal de sa puissance en tarissant la source de sa richesse, afin de le tenir plus facilement dans la soumission ; d'un autre côté, les Espagnols possesseurs des Philippines pouvaient faire seuls le commerce du Japon, de la Chine, de Malacca et de tout l'Archipel indien ; ils ne devaient pas souffrir que le commerce rival de l'Inde fleurît dans la main des Portugais. Non-seulement Philippe les accabla d'impôts, mais encore il les empêcha d'acquérir les moyens de les payer par le commerce de l'Orient. Les Chingulais les expulsèrent de leur île, les Persans s'emparèrent d'Ormuz, les Moluques devinrent la proie des Hollandais. Au lieu de quinze ou vingt vaisseaux qui allaient tous les ans de Lisbonne à Goa, Philippe n'en laissait partir que trois ou quatre, encore choisissait-il pour ces expéditions les plus mauvais bâtiments de ses ports. En un mot, il voulait que le Portugal perdît ses établissements de l'Inde, sans qu'on pût l'accuser lui-même d'être l'auteur du mal. Telle fut toujours sa politique : nuire à ses ennemis en cachant la main qui les frappait. Quand la maison de Bragance monta sur le trône, elle trouva le commerce de l'Inde complétement ruiné, et les querelles qu'elle eut à soutenir en Europe l'empêchèrent de le relever. Elle n'avait d'ailleurs ni marins ni vaisseaux, et quand il lui fut possible d'équiper une flotte, la puissance hollandaise, montée au plus haut point, rendit ses tentatives infructueuses (1).

Le comte-duc d'Olivarès avait mécontenté par son administration les seigneurs, les prélats, les nobles et le peuple. Les Catalans furent les premiers qui tentèrent de briser le joug. Soutenus par la France, ils mirent en déroute l'armée royale ; et comme ils avaient d'abord donné à leur pays un gouvernement républicain et qu'ils s'aperçurent que ce gouvernement les conduisait à leur ruine en passant par l'anarchie, ils proclamèrent Louis XIII comte de Barcelonne. Richelieu ne permit pas à son maître de prendre ce titre, il ne voulut qu'assurer la conquête du Roussillon. Mais pour embarrasser le roi d'Espagne, et entretenir la révolte en Catalogne, il y envoya plusieurs corps de troupes auxiliaires. Les Portugais profitèrent de l'occasion que la Providence semblait leur offrir. Le clergé, la noblesse, le peuple, réunis par un intérêt commun, proclamèrent Jean duc de Bragance pour leur souverain sous le nom de Jean IV.

(1) Les posessions coloniales portugaises consistent aujourd'hui dans les suivantes, savoir : en Afrique, le groupe de Madère, l'Archipel du cap-Vert, quelques îles et quelques forts peu importants sur la côte de Guinée, une partie du Congo, et sur la côte orientale, le gouvernement de Mozambique ; en Asie, Villanova de Goa, avec quelques villages ; Damaun et Diu, dans le Guzzerat ; un comptoir à Macao : Dillé dans l'Ile de Timor, avec les deux petites îles de Sabrao et de Solor.

Cette révolution eu lieu sans trouble , sans secousse, sans effusion de sang; il n'y avait dans le Portugal qu'une seule opinion, un seul vœu, un seul sentiment qui éclata par les marques les moins équivoques de l'allégresse publique, ce qui fit dire à un Castillan qui se trouvait à Lisbonne : se peut-il qu'un si beau royaume ne coûte qu'un feu de joie à l'ennemi de mon maître ? Jean était né en 1604. La nature ne lui avait pas donné un grand courage; et sans sa femme Léonore de Guzman (de la maison espagnole de Medina-Sidonia) qui avait tout ce qui lui manquait à lui-même, et qui le mit malgré lui à la tête de ceux qui le faisaient roi, les conjurés auraient dû se donner un autre chef. Le comte-duc cacha cet événement aussi longtemps qu'il le pût au roi Philippe, mais après la bataille de Villá-Viciosa gagnée par les Portugais sur les troupes espagnoles, le ministre ne put garder plus longtemps le silence ; mais conservant toujours son caractère, il dit au roi du ton d'un homme qui prend en pitié celui dont il parle : le duc de Bragance est devenu fou; il s'est fait proclamer roi de Portugal. Cela rapportera douze millions de ducats à V. M. Philippe qui était déjà prévenu contre son ministre répondit séchement qu'il fallait mettre fin à ces désordres, et peu de jours après le ministre fut disgrâcié; mais le Portugal ne fut pas reconquis.

Jean IV mourut à Lisbonne en 1656. Les secours de la France avaient contribué puissamment à la maintenir sur le trône. Ce furent principalement les Français qui gagnèrent la bataille de Villa-Viciosa. Il eut pour successeur son fils Alphonse, sous la régence de la reine douairière.

Le nouveau souverain, proclamé sous le nom d'Alphonse VI, fit la guerre aux Espagnols avec quelque succès. Ce fut pour mieux dire sa mère, qui tenant d'une main ferme le sceptre de son fils, sut garantir le Portugal d'invasion ennemie; mais lorsque Alphonse devenu majeur prit en main les rênes du gouvernement, il se conduisit avec tant de faiblesse et d'inaptitude, que son frère l'infant don Pedro, aidé par quelques intrigants le détrôna sans difficulté et le relégua dans l'île Tercère où l'infortuné prince mourut en 1683. On assure que la reine sa femme, aida elle-même à le renverser du trône pour y faire monter son beau-frère avec lequel elle entretenait des liaisons criminelles. Cette usurpation eut lieu en 1667. Toutefois l'infant n'osa prendre, tant que son frère vécut, le titre de roi de Portugal; il se contenta de gouverner le royaume en qualité de régent; ce ne fut qu'au bout de seize ans que son frère étant mort il se fit couronner. Il garda encore le trône pendant vingt-trois ans, et il mourut en 1706 après avoir fait de vains efforts pour rétablir dans l'Inde la domination portugaise: Philippe II avait pris de trop bonnes mesures pour qu'elle pût jamais s'y relever.

Jean V fut proclamé sans opposition aussitôt que son père eut rendu le dernier soupir, et durant son long règne de quarante-quatre ans, il s'occupa constamment de faire fleurir dans son royaume les lettres et le commerce. Aussi lorsque ses sujets le perdirent en 1750, ils donnèrent à sa mort de vifs et sincères regrets. Pendant la guerre de la succession d'Espagne, ce prince avait pris parti pour l'archiduc Charles contre Philippe V, et ses troupes partagèrent le sort des troupes anglo-allemandes, tantôt victorieuses, tantôt et plus souvent battues. Depuis la paix d'Utrecht (1713), celle du Portugal ne fut plus troublée. Jean V avait épousé en secondes nôces Sophie-Isabelle, fille de l'électeur palatin du Rhin.

Joseph-Emmanuel, fils de Jean V et de Marie-Anne d'Autriche, monta sur le trône en 1750; il était alors âgé de trente-cinq ans. Son règne qui en dura vingt-sept offre plusieurs événements remarquables : le tremblement de terre de Lisbonne en 1755, lequel renversa la moitié de la ville, qui rebâtie depuis, forme ce qu'on appelle la ville neuve ; la conspiration d'Aveiro en 1758 ; l'expulsion des Jésuites et la confiscation de leurs biens ; la guerre avec l'Espagne vers la même époque ; le ministère du marquis de Pombal qui sut se maintenir à son poste, tant que Joseph vécut, entouré d'ennemis acharnés, haï des habitants de Lisbonne et de la nation en général, auteur toutefois de plusieurs établissements utiles. La guerre contre l'Espagne avait été suscitée par les Anglais, qui déjà depuis la guerre de succession exerçaient sur le Portugal une influence marquée; elle se termina par un traité de paix (1763) qui ne fit honneur ni à Louis XV ni au ministère espagnol. Les deux cabinets de Versailles et de Madrid, étroitement unis à cette époque, avaient resserré leurs liens par le fameux pacte de famille. Quant à la prétendue conspiration d'Aveiro, il paraît qu'il s'agissait simplement de venger sur le roi Joseph l'injure faite par ce prince au marquis de Tavora, ami et parent de Mascarenhas, duc d'Aveiro. Un soir que le roi se rendait incognito chez la marquise, on lui tira deux coups de mousquet qui le blessèrent grièvement. Le ministre Carvalho (depuis marquis de Pombal) accusa d'Aveiro et Tavora qui, sans beaucoup de preuves, furent condamnés à être rompus vifs et subirent l'exécution de la sentence. Plusieurs membres de la famille de Tavora, impliqués dans la conspiration prétendue, périrent par divers supplices.

Marie-Françoise, ou Marie Ire, qui succéda à son père Joseph-Emmanuel (1777) signala son avénement par l'exil de Pombal, et la réhabilitation de plusieurs prétendus complices. Cette princesse avait épousé son oncle, l'infant Pierre, qui prit le titre de roi et le garda jusqu'en 1786, époque de sa mort. Quatre ans après, elle fut frappée d'aliénation mentale; son fils Jean fut déclaré régent et il gouverna le royaume en cette qualité tant que sa mère vécut (26 ans encore).

La révolution française rendit assez compliquées les affaires de la régence. Jean qui avait voulu se renfermer dans une sage neutralité fut contraint de se déclarer par un double motif : il ne put résister à l'impulsion que les Anglais lui imprimèrent, ni aux instances de Charles IV dont il avait épousé une fille : il envoya un corps de troupes auxiliaires à son beau-père, pour l'aider à défendre le passage des Pyrénées. Son intervention déplut à la république; sa résistance à ce que ses troupes entrassent en France le mit assez mal dans l'esprit du roi d'Espagne qui, forcé de faire la paix en 1795, et de contracter plus tard un pacte d'alliance offensive et défensive avec la France, déclara la guerre au Portugal en 1797. La paix conclue en 1801 et ratifiée par le traité d'Amiens l'année suivante ne se fit qu'à des conditions onéreuses pour le Portugal. Il lui en coûta une partie de l'Alentejo. Jean avait stipulé, ou pour mieux dire on avait stipulé de lui qu'il resterait neutre; le premier consul l'accusa d'accorder des secours aux flottes anglaises qui allaient attaquer les possessions espagnoles en Amérique. Il exigea de Jean qu'il fermât sur le champ ses ports aux Anglais, et qu'en même temps il leur déclarât la guerre. Jean se conforma à la première injonction, éluda la seconde, et par cette conduite équivoque il ne satisfit ni la France ni l'Angleterre; et tandis qu'une flotte anglaise bloquait le port de Lisbonne, une armée franco-espagnole cernait cette ville du côté de terre (1807). Le régent placé entre ces deux ennemis également puissants, prit le parti de s'enfuir au Brésil, après avoir établi une junte de gouvernement.

On prétend que les Anglais favorisèrent son départ. Bonaparte devenu empereur proclamait dans ses bulletins que la maison de Bragance avait cessé de régner. L'armée française entrait à Santarem au moment où la famille royale sortait des eaux du Tage. Le régent arrivé au Brésil publia un manifeste dans lequel il se déclarait l'allié et l'ami de l'Angleterre, annulant tous les traités qu'il avait faits avec Bonaparte, comme ouvrage de la violence. On sait que le Portugal fut immédiatement envahi et subjugué, mais que, malgré cet événement presque inévitable, le régent, au Brésil, continua d'être regardé comme chef du gouvernement portugais par toutes les puissances étrangères qui envoyèrent leurs ambassadeurs à Rio-Janeiro.

Cependant les Portugais défendirent leur indépendance. Fortement soutenus par les Anglais, ils obligèrent les Français à évacuer le Portugal. Une seconde invasion dirigée par Masséna eut lieu et ne fut pas plus heureuse; après divers succès qui en une guerre ordinaire auraient été décisifs et qui ne produisirent aucun résultat favorable, le général français évacua le Portugal une seconde fois. Les Portugais avaient organisé des guérillas de même que les Espagnols, et le fameux Wellington, se faisant un formidable rempart d'artillerie dans des positions presque inexpugnables, usait les forces des Français qui presque toujours manquaient de vivres, parce que partout où ils portaient leurs pas ils trouvaient le pays ruiné.

La reine étant morte le 20 Mars 1816, Le régent prit le titre de roi sous le nom de Jean VI. L'année précédente il avait érigé le Brésil en royaume, et dans ce nouveau royaume il avait rendu les lois les plus sages, s'appliquant surtout à fomenter l'industrie et le commerce, appelant de tous les pays de l'Europe des artistes et des ouvriers auxquels il offrait des primes et des priviléges, protégeant spécialement la littérature et les sciences et adoucissant l'esclavage des nègres. Ferdinand VII rendu à l'Espagne épousa une fille de Jean VI, et l'infant Don Carlos, aujourd'hui prétendant à la couronne d'Espagne frère de Ferdinand, épousa une sœur de la reine d'Espagne. Les colonies espagnoles s'étant insurgées à cette époque, Jean qui voulait garantir le Brésil de la contagion fit établir un cordon de troupes sur la rive gauche de Rio de la Plata à compter de Monte-Vidéo; mais les idées nouvelles franchirent le cordon et fermentèrent dans le Brésil où elles firent même explosion en 1817; mais elles furent alors réprimées.

Les Portugais qui supportaient difficilement le gouvernement d'un régent étranger, le duc de Beresford, sollicitaient le retour en Europe de la famille royale. Jean se disposait à se rendre à ce vœu, lorsqu'il apprit que le Portugal venait d'adopter (1820) la constitution espagnole de 1812 avec quelques modifications; cette nouvelle apportée et répandue au Brésil mit tous les esprits en fermentation, et Jean fut obligé de donner aux Brésiliens avant son départ la constitution que l'insurrection avait imposée à la métropole. De retour dans le Portugal (1821), il s'appliqua très-habilement à ramener les Portugais à l'ancien état de choses et il y réussit au bout de deux ans. Il n'en fut pas de même au Bresil, les idées prétendues constitutionnelles s'enracinant de plus en plus, le Brésil se déclara état indépendant et se sépara de la métropole. Un article de la constitution nouvelle disposait formellement que les deux couronnes ne pourraient se placer sur la même tête. En conséquence celle du Brésil érigé en empire fut donnée à l'infant Don Pedro.

Jean VI parvenu à un âge avancé et dévoré de soucis fut atteint dans les premiers jours du mois de mars 1826 d'une attaque d'apoplexie foudroyante à laquelle il succomba le 10. Ce prince, dit-on, aimait la justice, avait des mœurs pures et un grand fonds de religion, mais il était d'un caractère faible et timide, cherchant à éluder les difficultés plus qu'à les vaincre.

Son fils aîné Don Pedro lui succéda de droit au Brésil et en Portugal : Pierre Ier au Brésil, Pierre IV en Europe. Dès que la mort de son père lui fut connue, il promulgua pour le Portugal une charte constitutionnelle (29 avril 1826) ; mais en même temps il abdiqua en faveur de sa fille Marie II née en 1819 de son mariage avec une archiduchesse d'Autriche fille de François Ier. Don Miguel, frère de Pierre IV, fut nommé par lui régent du Portugal, et ce prince garda ce titre jusqu'en 1828 que, s'emparant du trône de sa nièce, il se fit proclamer souverain. Nous n'entendons pas nous ériger en juges de sa légitimité ; mais c'est à lui-même que nous nous en rapportons. En acceptant de son frère la régence du royaume pendant la minorité de la *reine Marie,* ne protestait-il pas bien évidemment contre sa prétention future ?

Cependant une révolution nouvelle arrivée au Brésil en 1830 força Pierre I à renoncer à la couronne qu'il transmit à son fils Pierre II ; il revint en Europe, et avec le secours des Anglais il parvint trois ans plus tard, à reconquérir pour sa fille le trône de Portugal ; Don Miguel, contraint de fuir, se sauva à Gênes d'où il gagna Rome. Pierre prenant alors la qualité de régent, rendit aux Portugais la constitution qu'il leur avait déjà donnée en 1826. Mais ce nouveau régime n'a duré que jusqu'en 1836. Pierre étant mort dans l'intervalle, sa fille Marie à été forcée d'accepter la première constitution de 1820, que la garde nationale de Lisbonne venait de proclamer, à peu près comme la reine Christine l'a été en Espagne d'accepter de la main *de quelques soldats* révoltés celle de 1812.

FIN DE L'HISTOIRE DE PORTUGAL.

TABLE DES MATIÈRES.

——

FIN DE LA TABLE.